问题导向教学法与经济学课程教学实践研究

欧阳勤　著

延邊大學出版社

图书在版编目（ＣＩＰ）数据

问题导向教学法与经济学课程教学实践研究 /
欧阳勤著. -- 延吉 : 延边大学出版社, 2022.5
ISBN 978-7-230-03258-2

Ⅰ.①问… Ⅱ.①欧… Ⅲ.①经济学－教学研究
Ⅳ.①F0-42

中国版本图书馆 CIP 数据核字(2022)第 078531 号

问题导向教学法与经济学课程教学实践研究

著　　者：欧阳勤
责任编辑：翟秀薇
封面设计：吴伟强
出版发行：延边大学出版社
社　　址：吉林省延吉市公园路 977 号　　邮　编：133002
网　　址：http：//www. ydcbs. com　　E-mail：ydcbs@ydcbs.com
电　　话：0433-2732435　　传　真：0433-2732434
印　　刷：廊坊市海涛印刷有限公司
开　　本：787 毫米×1092 毫米　1/16
印　　张：12.25
字　　数：200 千字
版　　次：2022 年 5 月第 1 版
印　　次：2022 年 6 月第 1 次印刷
书　　号：ISBN 978-7-230-03258-2

定　　价：59.00 元

大学之道，在明明德，在亲民，在止于至善。知止而后有定，定而后能静，静而后能安，安而后能虑，虑而后能得。

——《大学》

前　言

在经济学不断发展和创新的过程中，诞生了许多杰出的经济学家，如亚当·斯密、大卫·李嘉图、约翰·斯图亚特·穆勒、卡尔·马克思、阿尔弗雷德·马歇尔、约翰·梅纳德·凯恩斯、保罗·萨缪尔森等，他们都是经济学史上的思想巨匠。这些经济学家们的经济学著作和经济学教科书力透纸背，体现着他们对经济问题深邃而透彻的见解。

经济学的演进同物理和化学等自然科学的演进一样，是一个经历不同经济制度的进步过程。在历经自然经济、市场经济直至经济全球化的过程后，经济学家连同他们的经济学著作，对经济问题的关注对象和重点都不尽相同。例如，在亚当·斯密时代，人们崇尚市场借助一只"看不见的手"来调节商品的供求关系；大卫·李嘉图因揭示了为什么一些国家出口具有相对成本优势的商品会获利，被公认为是第一个提出国家贸易理论的经济学家；约翰·斯图亚特·穆勒的《政治经济学原理》是对古典经济学的综合，他最重要也最具争议的观点当属"生产与分配相分离"；卡尔·马克思的《资本论》问世，标志着马克思主义经济学的诞生，马克思主义经济学是中国经济社会发展的指南；阿尔弗雷德·马歇尔的《经济学原理》利用数学和图形等分析工具，将古典学派的生产理论与边际主义者的需求理论结合起来，形成的所谓"马歇尔十字交叉"，是马歇尔对经济学最显著的理论贡献；约翰·梅纳德·凯恩斯《就业、利息和货币通论》的出版，迎来了所谓的"凯恩斯革命"，他强调政府利用财政和货币政策来干预经济，从而影响国民产出并降低失业率；保罗·萨缪尔森的《经济学》既是一本著作，也是一本经济学教科书，它在每一个新的版次中都有新增的内容，也不断地删除相对旧的和过时的内容，这体现出经济学是一门动态的、置身于现实经济生活的科学。由此可见，经济学并不是脱离现实经济实际的，而是以经验为依据解释我们身边的经济现象的科学。

经济学已经进入大学的课堂并成为一门重要的必修课程，教师在传道授业解惑的过程中，自然要选择和使用合适的教学方法。教学方法应该属于哲学方法论的范畴，而方法论是人们观察、分析和解决问题的时候所遵循的方法。著名教育家叶圣陶曾说过："教学有法，教无定法，贵在得法。"其中，"教学有法"是指教学是有一定方法、规律的；"教无定法"是指教学过程中没有一个固定的教学方法，教学方法的选择要因人、因时、因内容而异；"贵在得法"则是指针对不同的学生需要采取不同的教学方法。

传统的教学方法强调知识的"灌输"和"填充"，于是学生的头脑中装的都是标准的经济学概念，以及规范的经济学模型。利用各种图形来表达经济活动使经济学变得更为形象，在现代经济学中借助数学和统计学的研究方法，也的确让经济学变得更加严谨。然而，在将这些概念和模型与现实经济问题联系起来的时候，不少学生有困惑和莫衷一是之感。例如，在经过一系列的推导之后，得到商品的均衡价格和均衡数量，但我们看到的却是商品的实际价格和实际数量。这时，学生会问：教科书中的均衡值与真实的买卖活动到底有什么关系？经济理论是一种"愉快与痛苦的计算"从何说起？同样的产品以不同的价格卖给不同的顾客是价格歧视行为，怎么得出了会提高经济福利的结论？以低价买进、高价卖出的投机交易，是怎样有益于社会的？

经济学家告诫人们，人的一生"永远无法回避无情的经济学真理"，由此可见学习经济学的重要意义。不过，对绝大多数未来并不从事理论经济学研究工作的大学生而言，只要学习了经济学的基本概念，如稀缺、效率、成本、收益、比较优势、总供给、总需求等；掌握了经济学的基本原理，如供求原理、工资决定理论、经济政策宏观调控原理等，就能够对商品供给和需求变动的原因、个人的消费和投资决策、政府的财政和货币政策、通货膨胀和失业、国际金融和国际贸易等一系列经济问题有自己的基本判断。

经济学是认识经济活动及其规律的钥匙。要正确认识过去和当前的经济活动以及许多社会问题，如某些商品在一定时期内不是供不应求就是供过于求，经济总是出现繁荣与衰退的周期波动，贸易保护主义如何对国际贸易产生危害等，不是依靠死记硬背那些经济学概念和原理，而是需要使用某些正确有效的方法。

经济学曾经被戏称为"沉闷的科学"，而立志改变这种窘境的经济学家，决心要将沉闷的经济学变成饶有趣味的学科。对教授经济学的教师来说，如何让学生达到学习和掌握经济学基本原理的最佳水平，选择合适的教学方法自然就成为实现这一目标的关键。

经济学家倡导，对经济学的学习应该从一种"好奇的感觉"开始。"问题导向教学法"以生动而广阔的经济社会生活作为思考问题的立足点，运用鲜活的案例激发学生的好奇心，引导学生带着问题走进课堂，将这些问题与经济学理论结合起来。"问题导向教学法"架起了连接经济学理论与现实经济问题的桥梁，使学生既学习和掌握了经济学的基本原理，又感受到了学习的快乐和经济学蕴含的无穷魅力。"问题导向教学法"使抽象、枯燥的概念变得具体、生动，使原本沉闷的课堂气氛活跃起来。

《问题导向教学法与经济学课程教学实践研究》是笔者教学成果的结晶。笔者将"问题导向教学法"运用于经济学课程教学中，并且嵌入经济学课程的课前预习、课堂互动和课后辅导等教学环节。"问题导向教学法"弥补了传统教学方法的某些缺陷，由此提高了学生的学习成绩，培养了学生的独立思考能力和团队协作意识。同时，笔者相信，"问题导向教学法"在经济学课程教学中的成功实践，可以为其他课程的教学改革提供有益的借鉴。

本书的内容，一部分偏于理论的阐述，另一部分尤其是第三章，其实是详细的经济学教案。本书对于问题导向教学法的研究，体现出该教学法在经济学教学过程中鲜明的实践色彩。

被称为"经世济民"之学的经济学，将跟随时代的脚步不断地创新发展，也会有一届又一届追求经济学真理的学子们与之相伴，同时也离不开教师传道授业解惑的教学工作。因此，"问题导向教学法"在经济学课程教学中取得的成功并不是终点，而是不断完善和创新这种教学法的起点。

目　录

第一章　问题导向教学法概述

第一节　问题导向教学法的文献综述

一、国外的有关文献综述

早在两千多年前，古希腊教育家苏格拉底就通过不断提出问题的方法来激发学生的思维。苏格拉底认为，"问题"会引发人们的思维活动，能够揭示真理和掌握知识。于是，学生在苏格拉底提出的问题的引导下思考和回答问题，并且在分析、反思、揭露和解决问题的过程中，不断加深对事物的认识和掌握真理。

18 世纪末，法国教育学家让-雅克·卢梭提倡，通过引导学生解决问题的方法来发展学生的思维能力。他反对灌输式的学习，鼓励教师通过引入问题引导学生借助解决问题来学习知识。卢梭强调，教师要通过提出学生能理解的问题，让学生去解答并从中获得知识，而不是直接教给学生知识。

20 世纪 30 年代，美国实用主义教育家约翰·杜威将"问题"应用于教学，并且提出了解决问题的一般过程，概括起来有五个方面的内容：教师为儿童提供真实的经验情境；在这种情境中必须能够产生真实的问题，将其作为思维的刺激物；学习者从资料的应用和必要的观察中产生对解决问题的思考和假设；学习者将解决问题的假设加以整理和排列；学习者将设想付诸实践，并检验其有效性。

20 世纪 60 年代，美国心理学家、教育家杰罗姆·布鲁纳提出了"问题—发现法"，或称"探究教学法"。该方法是利用"问题"来激发学生的求知欲，以及在解决问题中发展学生的创造性思维。"问题—发现法"的一般步骤是：提出和明确使学生感兴趣的问题→使学生对问题体验到某种程度的不确定性，以激发探究的欲望→提供解决问题的各种假设→协助学生收集和组织可用于下结论的资料→组织学生审查有关资料并得出结论→引导学生运用分析思维去验证结论，最终使问题得到解决。总之，该方法是在整个问题的解决过程中，要求教师向学生提供资料，让学生亲自发现问题的结论或规律，使学生成为发现者。

与布鲁纳大约处于同一时期的苏联教育科学学院院士马赫穆托夫，提出了他的"问题教学"理论。该理论主张通过设计对话和问题性任务来创设问题情境，以便引导学生通过分析和解决学科问题来学习和掌握与此相关的知识，使学生能够更独立地获取知识，并形成一个"提出问题→分析问题→解决问题"的教学过程。

20世纪60年代末，美国学者巴罗斯在麦克马斯特大学医学院实施"基于问题导向（Problem-Based Learning）"教学模式（简称PBL教学法），标志着"基于问题导向"教学模式的诞生。巴罗斯在教学过程中，将学生分为几个小组，各小组的学生轮流当"病人"和"医生"。在这样的情境下，"医生"主动询问"病人"的病情，并与"病人"进行沟通，以了解"病人"的症状。学生根据"病人"的症状，利用图书馆和互联网，以及向教师请教等，来学习相关的医学知识；通过小组交流讨论，在教师的指导下为"病人"确诊并给"病人"开处方。巴罗斯的PBL教学法打破了学科间的界限，以病人的疾病问题为基础和以学生为中心，强调对学生自主学习能力的培养，大大改善了学生以往那种被动的学习状态，使学生的学习变得积极主动，也对学习表现出了极大的热情。

随着在医学领域深入开展教学实践，PBL教学法的理论也逐渐完善起来，形成了相对稳定的活动结构和具体的操作程序，使用PBL教学法的学校和学科的数量也在不断增加。PBL教学法由最初在医学教学环节的一个教学实验，最终演变为将各学科理论和实践紧密结合的教学模式。

二、国内的有关文献综述

国内对PBL教学法的研究文献颇为丰富。以"问题导向教学"作为主题在中国知网上搜索，截至2021年10月，相关文献有2100多篇。其中，核心期刊论文209篇、硕士和博士学位论文72篇。通过研读相关文献可以看出，问题导向教学模式已经有不同层次和多角度的研究。

国内对 PBL 教学法的研究也是始于医学教育领域。1986 年西安医科大学和上海第二医科大学首次引入 PBL 教学法，1997 年香港大学医学院也开始实施 PBL 教学法。目前，国内很多高等院校在理论基础课和临床课的教学中都采用了 PBL 教学法，且取得了显著的教学效果。

PBL 教学法在医学领域教学改革中取得的教学效果，引起了广大教育工作者和研究者的关注。教育工作者和研究者都尝试将该教学法引入基础教育和高等院校其他学科的教育教学中，并在理论和实践两个方面都取得了可喜的成果。例如，李泽生、冼利青（2003）从 PBL 教学法实施过程中的教育目标、教学安排、教学活动、教学评价和教学资源等方面，在介绍该教学法的教学过程的基础上，总结了麦克玛斯特大学 PBL 教学法的课程设置，分析了如何以学生为本位培养其学习态度和终身学习能力，以及在教学过程倡导"生物—心理—社会"医学模式，目的是培养适合社会需要的医生。

冯露等（2013）在工科基础课《材料力学》的教学中，开展了基于问题学习的探究式教学改革实践。教学实践表明：基于问题学习的探究式教学是一种教与学相互统一的过程，结合网络学习和团队学习等新的教学形式可以激发学生的学习热情，扩展学生课外的自主学习空间；通过具有前沿性、基础性和交叉性的问题，将工程实践中新的材料力学问题融入基于问题的学习中，有利于培养学生的创新意识，为培养高素质工程技术人才打好基础。

陈丽虹等（2013）在《统计学原理》的教学中采用了 PBL 教学法。教学结果证明该教学模式的效果明显好于传统教学模式，主要是对提高学生的自主学习和探究问题的能力，以及分析和解决问题的能力效果明显。

陈燕（2013）构建了职前数学教师教育中问题导向式教学模式。该教学模式是以"问题"为线索的"多重复合型"探究教学结构；课堂问题探究是以"教学问题空间"为核心，在探究中经历知识再创造，融探究性、启发性和反思性为一体的过程；职前数学教师具备"亦生亦师"双重角色。这种教学模式突破了传统教学模式，主要表现在：用问题激发学习者主动探索，转被动学习为主动学习；指导者由讲授者转变为引导者、组织者和探索者；课堂交流由单一的"讲—听"转变为多种交流方式并存；课堂教学对学习者的学习思想和学习态度有正面影响；促进了职前数学教师教育的实践性取向。在实施过程中包含感知—发现（提出现实问题）、经验—分析（探究解决问题）、批判—小组反思、图式化—初步形成知识、创新—小组小结（总结评价与反思）五个阶段。

刘斐（2014）对问题导向教学的含义、特征及与其他教学模式的联系和区别等方面进行了全面详细的阐述，介绍了问题导向教学的要素、问题导向教学的过程和问题导向教学的条件及教学评价，使问题导向教学具有可操作性，由抽象的理论向具体的操作步骤过渡，在对问题导向教学的理论基础和教学过程进行把握和思考的基础上，对问题导向教学策略提出了一些观点。

寇敏（2015）认为，要使 PBL 教学法在中学课堂中更好地应用和推广，在问题设计上要遵循整体性、循序渐进性和自我平衡性三个原则。在教师的培养过程中，可以向他们传授一些关于问题导向教学的理论知识和实践研究，这有助于提高教师使用 PBL 教学法的信心和水平。同时，需要改进对教师和学生使用该教学法的教学结果的评价体系。李玉拉（2017）针对 PBL 教学法在物理课堂教学中的应用提出了建议，认为教师课前要准备充分，在课堂上要多关注那些学习态度不够积极的学生，教师可以采取在小组合作交流中参与讨论的方式，鼓励这部分学生积极参与课堂活动和思考问题。

综上可见，国内教育界普遍认为 PBL 教学法可以培养学生解决问题的能力、自主学习的能力和终身学习的能力。笔者就是基于这样的前提和愿望，才将 PBL 教学法应用于"经济学"课程教学的全过程，以期培养和提高学生的学习能力。

第二节　问题导向教学法的理论来源

问题导向教学法（PBL 教学法）强调以现实问题为学习的起点。虽然实用主义教育思想、建构主义理论、人本主义理论、情境认知理论和信息加工理论等理论也许不是问题导向教学法的直接理论来源，但其中蕴含的教育思想可以作为问题导向教学法的间接理论来源。

一、实用主义教育思想

实用主义教育思想产生于 19 世纪 70 年代，并在 20 世纪的美国成为一种主流思潮。实用主义教育思想最具影响力的人物是杜威，他是美国著名的实用主义教育家和哲学家。其教育思想在世界范围内广为传播，对不少国家的教学改革产生过影响，被学术界抬高到"教学理论基石"的地位。

杜威强调学校与社会的联系，学校教学不能完全脱离社会生活。他认为，教育是生活，是学生生活经验的不断改组、整合和转化的过程；学校是社会，学校本身是一种社会生活，应当将学校改造成一种简化的社会形式。杜威认为这样就将学校与社会生活联系起来了。

问题导向教学是基于真实的问题情境、来源于真实世界的问题，它使学生在解决真实世界问题的过程中获得知识和技能。如此一来，问题导向教学就打破了学校孤立于学生生活的壁垒，使学校学习与学生的生活相联系。杜威的"做中学"思想是指导教育改革的重要理论，他反对传统教学中学生通过静听的方式学习，提倡学生从"做中学"，从活动中学习，从经验中学习，使教、学和做三者合而为一。

在实践中理解、掌握和创新知识，在"做"中掌握技术技能。杜威认为，人们最初的知识和保持得最牢固的知识，是关于怎样做的知识。人们应该认识到，自然的发展进程总是包含着从"做中学"的那些情境。杜威强调教学中思维的重要性和反省思维。他指出，教学不能只向学生传授知识，更要引起学生的高级思维活动。

与杜威的实用主义教育思想相对照，问题导向教学通过创设复杂的问题情境，让学生为解决真实问题而去探索、实践解决问题的办法，不断收集、分析和整理资料。学生的这些做法既符合杜威的"做中学"思想，也达到了锻炼学生思维能力的目的。

二、建构主义理论

建构主义理论因其对教育改革和课堂教学实践等有重要的指导意义，所以在教育界颇为流行。建构主义理论包括认知建构主义、社会建构主义、激进建构主义等不同的学派，这些学派的代表人物有让·皮亚杰、利维·维果斯基、冯·格拉塞斯菲尔德等。尽管建构主义各学派的观点并不完全相同，甚至有的观点之间有显著分歧，但各学派仍然有许多相近的观点。

建构主义的课程观，强调用情节真实复杂的故事来呈现问题，营造解决问题的环境，以帮助学生在解决问题的过程中活化知识，将事实性知识变为解决问题的工具；主张用产生于真实背景中的问题启动学生的思维，来鼓励学生参与解决问题的学习、基于案例的学习、拓展性的学习和基于项目的学习，以及参与课程的设计和编制。

建构主义的课程观为学生进行探索和建构知识提供了大量的认知工具，以拓展学习空间和增强学习能力；通过设计各种类型的问题，不断开拓学生的思维、创新和实践的空间，以支持学生在学习和生活中的成功。建构主义的课程观是与案例的学习和问题的学习，以及项目的学习密切相关的一种课程设计理念。

建构主义的教学观在更新知识观、学习观和课程观的基础上，强调教学应该通过某项重大任务或问题支撑学生积极的学习活动，帮助学生成为学习活动的主体，并且通过设计真实、复杂、具有挑战性的学习环境和问题情境，诱发、驱动并支撑学生的探索、思考和解决问题的活动，支持学生对学习的内容和过程进行反思和调控。

在建构主义学习理论中，为了促进学生对知识意义的建构，教师在课堂外所做的工作更多，这也对教师的能力提出了更高的要求。教师不仅要精通教学内容，更要熟悉学生和掌握学生的认知规律，驾驭现代化的教学技术，充分利用和开发学习资源，善于设计教学情境，能够对学生的学习给予引导和帮助。总之，建构主义的课程观、教学观都深刻地影响了 PBL 教学法，在PBL 教学法的很多方面都能看到建构主义的"身影"。

三、人本主义理论

人本主义理论发端于二十世纪五六十年代的美国，被心理学界称为"第三势力"，其代表人物主要有卡尔·罗杰斯和马斯洛。人本主义理论以新的视角看待学习，其学习观和教学观对其他国家的教育改革产生过一定影响。人本主义理论反对将人当作学习机器，强调尊重学生，学习的过程是学生经验的积累过程。

人文主义理论反对学习只发生在"颈部以上"，只是涉及心智的学习。该理论认为，学习应该是基于情境而全身心参与的，学生的学习应该是作为"完整的人"的学习。人本主义理论强调"以学习者为中心"的"非指导性"学习，认为教师应该尊重和相信学生能够自我实现，不应该对学生下指令，而应引导学生并作为学生的合作者，鼓励和支持学生的学习。

在人本主义理论中，把学生看作完整的人、以学生为中心、学生自我评价和情境学习，以及全身心参与学习等观点，都为问题导向教学提供了指引。以学生为中心，引导而非命令学生学习等，也都为问题导向教学的实践提供了重要启示。

四、情境认知理论

情境认知理论兴起于 20 世纪 80 年代，是认知心理学的一个重要分支。情境认知理论逐渐向教育研究领域渗透，成为影响基础教育和高等教育的重要学习理论。情境认知理论认为，学习的实质是个体在参与实践的过程中与他人、周围环境相互作用的过程。学生是学习的参与者，不是被动的观察者，是在"实践共同体"中进行学习活动的。

情境认知理论认为，知识的理解和学习是与情境紧密联系的，在不同场景中学习的知识的意义可能不同。情境可以是真实的工作场景，也可以是虚拟的，但该理论更提倡将知识和技能的学习设置于高度真实的情境中。

情境认知理论的上述观点给了问题导向教学以启示，那就是要将学生放置在结构复杂的问题情境里，让学生在解决问题的实践中学习。与此同时，情境认知理论关于学习应具有情境性、真实性、实践性、探究性和主动性的观点，也成为问题导向教学设计的基本原则。

五、信息加工理论

信息加工理论的基本思想是，学习情境能激活学生头脑中已有的知识，并推动学生去学习新知识；学习情境能够使学生将所学知识与实际应用联系起来，并能增强学生头脑里知识的可提取性。信息加工理论要求学生必须在"做"中学，在"做"中思考。

信息加工理论认为，为了让学生在思考的过程中自然地运用已有知识，就必须让学生对所学知识有深入的理解。而学生要做到这一点，就必须在实际的问题情境中学习，而且要边学边用。这样，学生才能成为知识的拥有者和问题的解决者，才能成长为善于思考的人。

第三节　问题导向教学法的定义与特征

一、问题导向教学法的定义

"问题导向教学法"中的"问题"来源于生活中真实的或虚拟的问题，而现代汉语中的"导向"有"引导方向"之意。因此，"问题导向"是指，以问题为中心、核心和驱动力，围绕着"问题"来组织相关的活动。

"问题导向教学法"中的"教学"是"教师与学生以课堂为主渠道的交往过程，是教师的教与学生的学的统一活动"。可见，"教学"包含着教师的"教"和学生的"学"两种行为。

将"教学"和"学习"两个概念加以区分，旨在强调"问题导向教学法"虽然是在"问题导向学习法"的基础上建构并完善而成的，但实际上，在问题导向教学过程中包含着教师的"教"和学生的"学"两种行为，从而使在问题导向教学中"教师怎样教，学生怎样学习"的问题更为明晰。

学者皮连生、刘杰在《现代教学设计》中指出，因为新的教学过程模型是师生的双向活动，所以，教学过程模型应该被称为"学与教"的过程模型。因此，本书中的问题导向教学是从"教"和"学"两个不同角度进行模式建构的，侧重点则是"教"与"学"的一体化设计。由此看来，问题导向教学法的实质是将"问题"引入教学活动，并借助"问题"所发挥的作用来进行教学。

二、问题导向教学法的特征

（一）以"问题"作为核心来组织教学

"问题"是贯穿教学的主线，教师应以问题为驱动力激励学生学习，以解决问题为载体引导学生学习。教学活动的开展是利用与实际经济生活相关的问题来引起学生的探究兴趣，而学生通过解决问题获得知识、技能和综合发展能力。

教学活动沿着"师生提出问题→讨论明确问题→将问题分解成子问题→以小组为单位选择感兴趣的子问题展开研究"的顺序进行。在这个过程中，"问题"始终牵引着学习和研究的进程。"问题"成为获得知识和技能的载体，整个教学过程总是以问题为核心。

问题导向教学法中"问题"的特点是结构不良、问题情境复杂和凌乱，是需要学生使用高级思维活动来思考和解决的，而不是将教科书上的习题拿来作为问题导向教学中的"问题"。

（二）以真实情境作为基础的学习

问题导向教学法是让学生在真实或虚拟的问题情境中开展学习，通过解决这些问题使教学与生活结合起来。当学生进入问题情境之后，就被赋予了某种角色来解决实际问题，并承担着问题情境中某种角色的职责和任务。问题导向教学不仅以情境为基础，而且该情境具有真实性。于是，学生借助解决真实情境中的问题，获得知识和技能。

（三）具有生成性、实践性和开放性

问题导向教学法通过设置问题情境，让学生经历搜集整理资料、分析问题和解决问题等过程。学生在解决问题的过程中，可能会遇到各种各样意料之外的困难，也可能生成新的问题，其中，有些问题是有教学价值的，可以用于新的教学活动。

问题导向教学法注重学生的学习经历和实践操作，这就使得问题导向教学法具有实践性和生成性特征。而且，问题导向教学法的实施场所不局限于教室，而是要深入到生活场景中，让学生在各种各样的生活场景中探索、发

现和学习。问题导向教学法使教学场所从教室走向实际生活场所，加强了学校和社会的联系，体现出开放性的特点。

（四）具有合作性、综合性和多元性

问题导向教学法是以小组为单位组织教学活动，通过小组成员合作来展开学习活动的；问题导向教学信息是共享的，可以在小组内和小组之间实现信息共享；每个小组独立完成一项学习任务之后，可与其他小组相互交流经验。总之，问题导向教学法具有鲜明的合作性。

学生在学习过程中，需要调查和收集资料并加以分析，以及协调与其他成员的关系，学会与他人进行沟通交流。学习的结果中不仅有学科的知识和技能，也有学科之外的知识和技能。可见，问题导向教学法具有综合性和多元性。

（五）学生是主动的问题解决者

问题导向教学法是以学生为主的教学法，学生应该是主动的问题解决者，主要表现在以下几个方面：

第一，学生应该是学习的主体。在整个教学过程中，教师的作用是辅导和引导。学生需要主动寻找解决问题的办法，查找学习资料，设计解决问题的方案并展示学习成果。

第二，学生应该主动学习和自我知识建构。学生为了解决问题，不断分析问题，收集整理资料，设计解决问题的方案，从教科书中和网络上获取解决问题所需的相关知识，利用原有经验，在与其他同学和教师的互动中进行新的知识建构。

第三，学生应该具备合作学习的能力。问题导向教学法是以小组的形式组织教学活动的，以问题为驱动，小组成员之间既有合作又有分工，每个成员既各司其职又相互交流分享信息。在解决问题的过程中进行师生交流、生生合作，小组成员不仅需要具备自主学习能力，更需要协调小组成员之间的关系。因此，学生只有具备合作学习的能力，才能成功地设计出解决问题的方案。

（六）教师是咨询者、指导者和促进者

在问题导向教学法的课程设计阶段，教师设计出课程的各个教学环节；在问题提出阶段，教师引导学生提出问题，并根据学生的学习和生活提出学生关注的问题；在课堂教学活动阶段，教师是组织者、教学记录者和引导者。教师要关注学生的学习状态，记录学生的学习进步情况，对解答问题有困难的学生给予帮助和提出建议。教学过程分为课前、课中和课后三个阶段，这三个阶段能够相互连通，教师在其中科学合理的管理至关重要。

教师本身也应该是学习者。问题导向教学法的综合性要求教师不仅要掌握本专业的相关知识，而且要不断学习教育教学理论，不断提高自己的教育教学水平。同时，教师也是反思者。教师要根据教学实践主动反思其中的得与失，从而不断提高自己的教学水平。正如华东师范大学黄书光教授所言，现代教师要进行角色转变，要从主流价值观的灌输者转变为主流价值观的推介者，从知识的传授者转变为学习的指导者，从学生的监护人和管理者转变为学生的引导者和朋友。

第四节 问题导向教学法的实施流程

教学活动可以划分为活动准备、活动探究和评价总结三个阶段。问题导向学习的创始人美国学者巴罗斯，梳理出问题导向学习的过程：组织形成一个新的小组→启动一项新的问题→实施问题解决方案→汇报展示成果→解决问题后进行总结与反思。笔者在结合已有文献资料的基础上，对问题导向教学过程进行设计，突出教学过程中教师和学生的双边活动，将问题导向教学概括为以下三个阶段：

一、教学活动的准备阶段

问题导向教学活动的准备阶段，包括教师准备和学生准备两个方面的内容。

　　首先，在教师准备方面，教师发挥着很重要的作用。教师对问题导向教学相关活动考虑得是否全面，以及是否做了统筹规划，将直接影响问题导向教学的效果。因此，教师在进行问题导向教学之前要做好充分的教学准备。具体地说，教师要了解问题导向教学的过程，并熟悉操作细节；教师要了解专业人才培养目标和课程目标，熟悉课程内容，根据课程目标的要求和教学内容，设计问题导向教学要达成的知识目标、能力目标和素质目标；教师要结合学生的特征、兴趣及已有的经验来设计问题；教师要根据所设计的问题，考虑可能用到的人力、物力资源，如为学生准备必要的学习资料、视频、题库等；教师要设计完整的课程设计方案，保证教学目标、教学活动和教学评价三者相互匹配；教师要根据问题导向教学法制作评价量表。

　　其次，在学生准备方面，问题导向教学法与传统的讲授教学法不同，主要是因为学生开始接触问题导向教学法需要有一个适应的过程。为了使学生尽快适应问题导向教学法，教师需要让学生明白问题导向教学的基本流程，以及知道在问题导向教学中做什么和如何做，从而有一定的心理准备；学生要提前预习学习资料，为开展探究活动做准备。

二、教学活动的探究阶段

　　在问题导向教学活动的探究阶段，学生通过积极主动地参与学习活动获得知识和技能，学会自主学习和合作学习。这一阶段是教学过程的重要组成部分，主要以学生为主体，教师是组织者、辅助者。教学活动的探究阶段主要由呈现问题、理解问题、探究问题、解决问题和成果展示五个方面构成。

　　呈现问题是指，因为问题导向教学的问题创设与呈现非常重要，所以，创设的问题要能够引起学生的兴趣，其呈现方式要为学生所接受、易于学生理解且能够吸引学生，进而提高学生的学习积极性。理解问题是指，教师创设问题情境和呈现问题，当学生进入问题情境之后，不是急于让学生着手解决问题，而是引导学生正确理解问题。正确理解问题是解决问题的关键前提。探究问题是指，学生利用各种途径对研究的课题进行分析，收集信息，分析和整理资料，通过与小组成员的合作，找出有用的信息以便解决问题。探究问题环节是关系问题能否被解决的关键环节。解决问题是指，在正确理解问题和探究问题的基础上，利用掌握的资料和知识经验提出解决问题的方案。成果展示是指，在进行课堂教学时，由小组成员的代表以 PPT 或文本的形式进行演示汇报，并当场回答其他小组成员和教师的提问。

三、教学活动的评价总结阶段

问题导向教学活动的评价总结阶段的主旨是师生通过对教学过程的评价总结，为下一次的教学活动积累经验、弥补不足。教学活动的评价总结阶段，主要有随堂测试、教学过程评价和总结反思三个方面的内容。

随堂测试是指教师针对单元知识点设计客观题，学生在规定的时间内完成检测，从而帮助教师及时了解学生单元知识目标的达成度。

教学过程评价主要包括评价学生和评价教师两个方面。评价学生是将学生在教学中的表现与其学习效果相结合，采取教师评价、学生自评和学生互评相结合的方法，改变单纯由教师来评价学生的传统评价方法。评价教师是对教师的教学行为做出评价，采取学生评价和教师自评相结合的方法。教师要分析自己是否引导了学生而非直接地领导学生，以及自己在教学各个环节的指导行为是否合理恰当等。学生对教师的教学行为要做出公正客观的评价，帮助教师提高教学质量。

总结反思可以锻炼学生的批判性思维，有利于知识和技能的巩固与迁移，培养学生的高阶认知能力，考查学生知识目标和素养目标的达成度。教师引导学生对整个教学过程进行回顾，讨论哪些环节做得比较好，哪些环节还需要改进，为以后提高学习效果提供借鉴；教师根据解决问题的过程中学生的表现，反思教学过程的各个环节，梳理教师自身的教学行为，作为改进教学计划和完善教学方案的重要依据。

第二章　西方经济学课程教学的基本现状分析

在国内高等院校的经济学课程教学中，人们习惯将来自欧美国家的经济学教科书称为《西方经济学》。由于美国学者保罗·萨缪尔森的《经济学》开创了微观经济学和宏观经济学相结合的编写体例，因此，西方经济学包括微观经济学和宏观经济学的观点也被广泛接受。同时，在中华人民共和国教育部制定的本科财经类专业核心课程目录中，将经济学课程分为微观经济学和宏观经济学。鉴于上述内容，本书关于经济学课程教学问题的叙述，在不同的章节中分别采用了西方经济学的微观经济学和宏观经济学的称谓。

第一节　西方经济学课程教学研究的背景与意义

一、西方经济学课程教学研究的背景

西方经济学课程教学研究的宏观背景是我国部分地方普通本科高校向应用型高校转变。在中国高等教育的发展过程中，重视学术研究型人才的培养，忽略应用型人才的培养，导致在相当长的时期经济社会发展所需要的应用型人才出现短缺，而这种状况至今没有真正缓解。于是，党中央、国务院审时度势，决策部署引导部分地方普通本科高校向应用型高校转变，推动高校转型发展。

部分地方普通本科高校向应用型高校转变，是产业转型升级和产业技术进步的产物，也是实体经济发展的客观要求。应用型高校的人才培养目标，主要是培养为地方或区域经济建设和社会发展服务，面向生产、管理和服务一线的应用型、技术技能型人才。其课程体系设置理念强调培养学生的理论

知识及其知识转化能力，培养学生的创新创业能力和素质，更加重视学生就业所需的技术、技能，由此决定了教学方法重在理论知识的应用。

当前我国经济社会高速发展，对应用型、技术技能型人才需求日趋旺盛，而传统教学模式难以满足社会对具备实践能力和创新精神的应用型、技术技能型人才的需求。学校是人才培养的主渠道，课堂是教育的"主战场"。因此，人才培养模式的改革要从学校和课堂开始，而课程教学方法的改革自然要扮演"探路者"的角色。

西方经济学课程教学研究的微观背景是该课程本身的特点。西方经济学是教育部确定的经管类专业的学科基础课，在整个课程体系中占有十分重要的地位。西方经济学是一门理论与应用相结合的课程，也是为经管类专业相关课程提供理论指导的课程。因此，采取什么样的教学方法更符合应用型本科院校开设西方经济学课程的教学要求，成为广大讲授该课程的教师需要思考的问题。

二、西方经济学课程教学研究的意义

西方经济学作为一门社会科学，兼具理论性和实践性。因此，探索问题导向教学法，具有显著的理论价值和实践价值。

问题导向教学法在经济学课程教学中的应用，有助于丰富高等院校经济学课程教学的理论研究。如何运用科学的教学方法来提高学生学习经济学课程的效果，是当前经济学课程教学改革的一个重要课题。问题导向教学法在经济学课程教学中的应用，有利于拓展经济学课程的教学方法，也可以丰富学生学习经济学的方法。

在教学实践过程中，结合学生的学情分析，设计问题导向教学法在经济学课程教学中的具体步骤，设计一系列问题导向教学法的教学范例。问题导向教学法成功的教学成果，不仅有利于该教学法在经济学课程教学中的推广，也将有利于该教学法在其他类型课程教学中的应用。

第二节 西方经济学课程教学存在的问题

一、西方经济学课程教学的问卷调查

西方经济学课程虽然已经在某学院的经管类专业开设多年，但由于受许多因素的制约，后一届与前一届学生的学习效果相比并没有显著提高。2014年1月，为了充分了解学生对该课程的学习态度和学习期望，笔者对2013级经济统计专业的25名学生（一个班），以及国际经济与贸易专业的134名学生（两个班）进行问卷调查，共发放调查问卷159份，收回有效问卷159份。问卷内容主要涉及课前预习、课上听讲和课后复习三个方面。统计分析的结果如表1所示。

经济统计专业的学生"听讲、复习"的比率与国际经济与贸易专业的学生相比高5.87个百分点，"预习、听讲、复习"的比率高8.33个百分点，"厌学"的比率低9.43个百分点。

表1　班级调查问卷情况

班级/占比	预习、听讲	听讲、复习	预习、听讲、复习	只听讲	厌学
经济统计（人）	0	8	6	10	1
经济统计（%）	0.00	32.00	24.00	40.00	4.00
国际经济与贸易（人）	5	35	21	55	18
国际经济与贸易（%）	3.73	26.13	15.67	41.04	13.43

2014年10月，为了充分了解课堂教学效果，构建"以学生为中心"的教学范式，笔者对2013级工程管理专业的54名学生，以及经济统计专业的60名学生进行问卷调查，共发放调查问卷114份，收回有效问卷114份。问卷内容主要涉及"爱学"和"厌学"两个方面（见表2）。"爱学"的学生占89.5%，"厌学"的学生占10.5%。而在"爱学"的情况下，又有一些因素导致学生的学习效果不佳。

表2 学习动机调查问卷情况

	爱学	厌学
人数（人）	102	12
占比（%）	89.5	10.5

笔者又调查了"学生学习方法""教师教学方法"和"教师和学生自身两方面"三个方面（见表3），调查人数102人。其中，在学生学习方法方面存在问题的学生占27.5%，对教师课堂教学方法方面不满意的学生占27.5%，认为教师和学生两方面都有问题的学生占45%。

表3 意愿学习前提下学习问题调查情况

	学生学习方法	教师教学方法	教师和学生自身两方面
人数（人）	28	28	46
占比（%）	27.5	27.5	45

2015年7月，西方经济学课堂教学已经结束，笔者为了充分了解课堂教学效果，以及修过和没有修过西方经济学课程的学生对经济学的理解，从而构建了"以学生为中心"的教学范式，在校园内向学生随机发放了78份调查问卷，调查内容是学生对经济学"十大原理"的理解。在78份问卷中，修过和没有修过经济学课程的学生问卷分别为45份和33份。

表4 问卷调查数据分析

分数	40	50	60	70	80	90	100	平均分	标注差	离异系数
学过（人数）	5	10	7	14	5	3	1	63.8	15.1	0.24
没学过（人数）	0	8	10	7	7	1	0	64.8	11.2	0.18

表4中的调查数据显示，修过经济学的学生的平均分数为63.8，没有修过经济学的学生的平均分数为64.8。前者的离散程度大于后者，说明前者成绩的稳定性小于后者。修过经济学课程的学生的分数众数是70，高于没有修过经济学课程的学生。综上可以判断，经济学课程的教学效果至少反应在数据上并不理想。导致这种结果的原因，有学生方面的，也有教师方面的。

二、学生方面和教师方面存在的问题

笔者通过对近年来的课堂活动、课后作业和期中考核等的分析，总结出学生和教师在微观经济学教学过程中存在的问题：

（一）学生方面存在的问题

1. 部分学生处于"厌学"状态，学习经济学课程的期望值不高

表 1 的数据显示，课前不预习的学生超过 50%。在课堂学习中这部分学生可能会没有学习的"问题"，教师询问学生学习这门课程想获得哪些知识和有哪些期望，这部分学生的回答一般是没有意义的。

2. 大部分学生虽然"爱学"但学习效果不佳

表 2 的数据显示，89.5%的学生"爱学"。表 3 的数据显示，学习方法有困难的学生占 27.5%。这些学生认为，教师的教学方法单调导致学生的学习效果不佳。其原因主要是学生不喜欢传统的"讲授法"，这种教学方法一般课堂讨论活动少而形成"满堂灌"。如此不良的循环，使学生的学习效率不高，也降低了学生"爱学"的程度。

3. 部分学生在记忆经济学概念和原理方面表现出惰性

教师在课堂上针对经济学概念和原理的提问，部分学生总是要打开教科书去查找。在闭卷考试时居然有多达 70%的学生因为回答经济学概念和原理欠准确而导致失分过多。大部分学生在解释经济问题时，不能与所学的经济学理论进行有机联系。

（二）教师方面存在的问题

1. 教师主要采用传统的"讲授法"教学

在以"教材、教师教学和课堂"为中心的传统教学理念下，教师以传授系统知识为主要目的，以课堂讲授为主要组织形式，只重视课程内容的灌输，忽略学生的学习主动性和学习差异性。

2. 教师的教学目标和学生的学习目标不统一甚至分离

出现这种现象的原因是，教师在讲授课程时不了解学生的知识背景，也没有深入分析学生学习经济学的目的是什么。

在课堂上，学生没有充分发挥主体作用。这与以梳理知识点为主、以教

师为主体、以教材为中心的传统教学理念有关。在以讲授法为主的课堂上，教师更注重对经济学知识点的讲授，教学的重心和目的在于向学生灌输教材内容。学生的学习主要以听讲为主，导致学生的课堂学习过程是由上而下的"单向灌输"，又由于学生的差异性，一些学生不能全面理解知识点，导致学生的课堂学习积极性和学习效率不能令人满意。

在课外，学生缺乏自主学习的积极性和主动性，学习投入少。这与教师的教学设计有一定的关系。以讲授法为主的传统教学模式，注重课堂教学的安排，重点在于教案的设计，课后布置一些作业，没有根据学生的差异性进行课程设计以及学习任务的安排，课内课外缺乏连贯性。

3. 单一的教学评价体系不能体现学生知识、思维和能力的综合发展

传统的考核方式用期末考试作为评价尺度，不重视对学生学习过程中的投入和平时学习成绩的考评。这种"重期末考分，轻学习过程"的考核方式不利于学生专业素质和能力的培养。如果教师在考前给学生划定考试范围，则更容易诱导学生养成考前"临时抱佛脚"的习惯。若真如此，考试结果就更难以检验学生的学习情况和教师的教学效果。

第三章 问题导向教学法的经济学教学实践

第一节 基于问题导向的西方经济学总体设计

如前所述，西方经济学包括微观经济学和宏观经济学。本科院校的经管类专业有的将其安排在第一学年开设，第一和第二学期各安排 48 学时，共 96 学时；有的专业教学安排会后延，学时数也会有所不用。

一、西方经济学课程的特点

西方经济学是一门基础性、理论性和抽象性非常强的课程。其中，西方经济学的基础性一方面来源于课程本身的基础性。在课程体系中经济学是一门基础课，学生对该课程的学习效果，直接影响后续相关专业课程的掌握程度。另一方面来源于学生的基础性。在第一学年开设经济学，学生不仅会感觉陌生，而且由于年龄和阅历的原因，学生也并不认真关注现实经济问题的实质。

经济学的论证方式与其他学科不同，表现出抽象性的特点。例如，经济理论要建立在假设的基础上。马歇尔在其 1890 年出版的《经济学原理》一书中指出，一切科学的学说无不含蓄地假设某些条件，但经济学的假设在经济规律中却特别明显。经济理论就是通过对一系列经济活动的假设和分析，在进行一般化的抽象以后得出的经济学结论。

二、西方经济学的教学设计

（一）西方经济学教学设计的主要内容

教学设计是课程与教学之间的一个重要环节，教学设计的目的和意义在于努力实现教学过程的最优化，达到教学目标、教学活动和教学评价三者相匹配。

西方经济学的教学设计包括"以学生为中心"的教育教学理念、布鲁姆的教育目标分类学理论、加涅的教学设计原理和合作学习理论等，最终确定的做法是对课程进行模块化的教学设计。

在模块化教学设计的过程中，根据能力需求和学情分析，确定教学目标；以学生的团队协作能力、语言表达能力及自主学习能力的获得为导向，构建以现实问题为载体的综合性教学模块；按照市场经济运行的规律，根据学生的认知特点，采用渐进、递进的方式构建单项的单元学习问题；以现实问题的解决来引导学生主动学习，使学生在解决现实问题的过程中，知道自己要到哪里去、通过什么样的方式去、是否到了目的地；使学生在"做中学"时体验学习经济学的乐趣，并系统地构建自己的经济学知识体系。操作步骤包括确立课程目标、构建教学模块与选取教学单元、设计教学活动和设计考核方案。

1．确立西方经济学的课程目标

专业人才培养方案是在做了充分调研（详见第二章第二节）的基础上，结合社会职业岗位需求而确立的。专业人才培养方案是进行课程设计的"源头"。因此，应该依据专业人才培养目标、能力需求分析、学生的学情分析和学科体系中的地位，明确课程的总体目标。课程的总体目标分为知识目标、能力目标和素质目标。

2．构建教学模块与选取教学单元

在确定了课程的总体目标以后，教师要分析学生的起点能力以及教材内容和难易程度，结合课程目标和学生已有的基础知识，构建教学模块，并且明确每个模块的目标。根据模块目标中的知识目标、能力目标和素质目标，将教学模块划分成若干个教学单元，并设计单元目标。

3．设计西方经济学的教学活动

以单元目标和学生对整体经济如何运行的初级认识为切入点，逐步深入设计教学活动。课堂教学活动的设计要坚持"学生为主、教师为辅"的教学理念，以问题为载体来组织课堂教学，将问题导向教学法贯穿始终，使学生变被动学习为主动学习。

在课堂管理活动中，将班级里的学生分成若干小组，大概 4 至 6 人为一组（以下均按此划分）。以小组为学习单位，各小组选一名学生来担任组长。各小组分析并提出解决问题的方案，以作业、PPT 或课堂演示的形式展

示学习成果。

4．设计西方经济学的考核方案

课程考核以检测学生的学习成果为中心，采取与能力本位教学相匹配的考核评价体系，以此激发学生学习的兴趣，使学生不是只注重期末考试的成绩，而是更关心在平时学习过程中的投入。

课程评价分为形成性评价和终结性评价两种。其中，依据单元教学目标和教学活动一致性的理论，设计具有可行性、可控性和可检测性的形成性评价方案。在设计形成性评价方案时，主要考查学生平时的学习投入量和素质目标是否实现；在课程教学结束时，根据课程目标设计终结性评价方案，主要考查学生的知识目标和能力目标是否实现。

（二）案例：关于专业人才培养目标问题

1．国际经济与贸易专业人才培养目标

坚持立德树人，以学生为中心，培养德、智、体、美、劳全面发展，具有一定国际视野、创新意识、工匠精神和实践能力的职业性应用型人才；掌握国际经济与贸易专业的基础理论和基本知识；熟练掌握对外业务洽谈、报价、签约、履约、国际结算、跟单、审证、制单等基本技能；掌握国际贸易所需的政策法规，具备良好的综合素质和较强的外贸企业管理等能力。

本专业的毕业生主要从事国际贸易（或国内贸易）领域的工作，包括外贸公司、各类自营进出口生产企业、各类外资企业的进出口业务，各类专业的报关和承运货物等国际物流、国际市场调研等岗位的工作。具体培养目标为：

（1）掌握经济学、国际经济与贸易专业的基础知识、理论和方法，熟悉国际贸易规则，能认识和把握国内外经济、贸易运行机制和发展规律。

（2）能综合运用国际经济与贸易专业的基础理论和专业知识，将所学的基础理论和专业知识融会贯通，具有从事国际贸易、国际货物运输、进出口企业结算等实际工作的能力，能独立分析和解决国际经济与贸易领域的实际问题。

（3）具有科学的世界观、正确的人生观，以及良好的职业道德和创新精神；具备跨学科理解、学习和沟通的能力；能够创造性地解决国际经济与贸易问题，能够适应多文化团队合作，能够在工作环境中有效地沟通和交流。

（4）具有自主学习和终身学习的意识和能力，能够适应技术、经济和社会的持续发展，适应不断变化的经济贸易环境。

2．能力方面的分析

相关岗位的专业人才，如外贸业务员、电商运营和跟单员等，需要具有良好的政治素质、文化修养、职业道德、服务意识、健康的体魄和心理；具有较强的语言文字表达、信息收集处理和获取新知识的能力；具有良好的团结协作、人际交往和决策的能力。

经济学作为一门社会科学，主要研究个人、企业和政府如何有效配置稀缺资源的基本问题。因此，经济学课程教学能从经济学的角度帮助学生做出相对合理的经济决策，培养学生健康的心理和良好的职业道德，提高学生的语言表达、团结协作和决策的能力。

3．学情方面的分析

西方经济学课程的理论性强、框架结构复杂、知识点繁多，有大量的专业术语，如经济规律、图形和数学模型等，使学生往往难以在短时间内理解和掌握。通过对已授课班级进行调研，笔者总结出学生在经济学课程学习过程中存在以下问题：

（1）对知识的学习缺乏迁移能力，计算能力和空间想象能力较弱。例如，在边际量的理解上需要相应的数学知识，学生难以把中学阶段的数学知识迁移到经济学的学习上；在理解供求模型、消费者均衡理论、生产者最优要素投入组合时，要研究各种厂商如何进行决策，需要学生绘制图形并清楚地解释图形的含义，但不少学生对绘制图形产生畏难情绪。

（2）学生的英语基础薄弱。西方经济学教材上的概念是用英文来表示的，作图也需要使用字母来表示，这就使不少学生产生畏难情绪，导致学生的学习兴趣下降。

（3）学生缺乏主动思考的习惯。教师布置课堂主题讨论，一部分学生不能及时有效完成，并且表现出"厌学"情绪，这部分学生就不能积极配合完成课堂主题讨论的教学环节。

（4）学生处于被动学习甚至"厌学"的状态，自主学习的能力较弱。通过"学习通"平台显示的数据和教师课堂观察发现，教师提前发布的课件和与学习有关的短视频，一个班级大约只有 5%的学生会完成这些资料的学习。在课堂上，部分学生的学习状态较为松懈。

（5）学生交流讨论的时间较少。笔者利用调查问卷对授课情况进行调查，结果显示，大约有 8%的学生经常积极参与交流讨论，而多数学生总是独自学习，缺少讨论甚至辩论问题的机会。

以上的学情分析，为经济学课程科学合理的课程设计提供了重要的参考和依据。

第二节　基于问题导向的微观经济学课程设计

一、微观经济学课程描述

微观经济学课程主要学习经济运行规律、供求理论、消费者行为理论、生产理论、成本理论、市场结构理论、要素分配理论，以及市场失灵和微观经济政策等内容。完成微观经济学课程的学习以后，学生可以理解经济运行规律，掌握供求理论、消费者行为理论、生产理论和市场结构理论等，通过分析经济数据、做出问题诊断、解读经济政策等，提出解决问题的方法。微观经济学课程也为后续的宏观经济学、国际金融、国际贸易和会计学原理等课程的学习打下基础。

二、微观经济学课程目标

（一）微观经济学的总体目标

微观经济学的总体目标包括知识目标、能力目标和素质目标。

1. 知识目标

复述经济学的专业术语和基本原理；阐述市场经济中商品的供求规律、均衡价格的形成机制和弹性理论；区分消费者效用最大化和生产者利润最大化原则；分析各类型厂商如何确定产量和价格；了解工资、利率是如何决定的；理解边际产品价值如何决定生产要素需求；解释市场失灵的原因，针对市场失灵提出相应的微观经济政策；给学生提供观察世界的"新透镜"和设计更好的经济政策的新工具。

2．能力目标

具有一定的运用经济学理论解释经济现象、解决生活问题的能力；具有一定的决策能力，以及更好地学习、工作和生活的能力；具有一定的批判性思维和数理逻辑推理能力；具有良好的语言表达和交流能力；具有一定的探究问题、自我管理和自我约束的能力。

3．素质目标

通过挖掘课程思政元素，结合经济学理论知识的教学，加深学生对我国社会主义市场经济体系的认识，坚定中国特色社会主义的道路自信；具有良好的心理素质和职业道德修养；具有敏锐的市场洞察力；具有实事求是的工作态度；培养学生的团队协作精神和勇于创新的职业精神；使学生养成良好的终身学习习惯（下文重点叙述知识目标和能力目标两项）。

（二）微观经济学的课程目标和单元目标

在微观经济学的课程目标和单元目标中，需要明确课程目标与专业目标的相关性（详见表5），以及教学模块目标和单元目标的划分（详见表6）。

表 5　微观经济学课程目标与专业目标的相关性

课程总体目标	相关性
经济学的专业术语和基本原理；阐述市场经济中商品的供求规律、均衡价格的形成机制和弹性理论；区分消费者效用最大化和生产者利润最大化原则；分析各类型厂商如何确定产量和价格；了解工资、利率是如何决定的；理解边际产品价值如何决定生产要素需求；解释市场失灵的原因，针对市场失灵提出相应的微观经济政策；给学生提供观察世界的"新透镜"和设计更好的经济政策的新工具	A
具有一定的运用经济学理论解释经济现象、解决生活问题的能力；具有一定的决策能力，以及更好地学习、工作和生活的能力；具有一定的批判性思维和数理逻辑推理能力；具有良好的语言表达和交流能力；具有一定的探究问题、自我管理和自我约束的能力	B、C、D

课程总体目标	相关性
通过挖掘课程思政元素，结合经济学理论知识的教学，加深学生对我国社会主义市场经济体系的认识，坚定中国特色社会主义的道路自信；具有良好的心理素质和职业道德修养；具有敏锐的市场洞察力；具有实事求是的工作态度；培养学生的团队协作精神和勇于创新的职业精神；使学生养成良好的终身学习习惯	C、D

专业人才培养规格	
A	具备经济学、国际经济与贸易专业的基础知识、理论和方法，熟悉国际贸易规则，认识和把握国内外经济、贸易的运行机制和发展规律
B	能综合运用国际经济与贸易专业的基础理论和专业知识，将所学的基础理论和专业知识融会贯通；具有从事国际贸易、国际货物运输、进出口企业结算等实际工作的能力，能独立分析和解决国际经济与贸易领域的实际问题
C	具有科学的世界观和正确的人生观、良好的职业道德和创新精神；具备跨学科理解、学习和沟通的能力；能够创造性地解决国际经济与贸易问题，能够适应多文化团队合作，能够在职业工作环境中有效地沟通和交流
D	具有自主学习和终身学习的意识和能力；能够适应技术、经济和社会的持续发展，适应不断变化的经济贸易环境

表6　微观经济学的教学模块目标和单元目标

模块名称	教学模块目标	单元名称	单元目标
认识经济学	**知识目标**：复述经济学的概念；定义机会成本和生产可能性曲线；理解经济学的研究对象；区分经济学的研究方法 **能力目标**：具有一定的分析经济问题的能力	导论	**知识目标**：复述经济学的概念；定义机会成本和生产可能性曲线；理解经济学的研究对象；区分经济学的研究方法 **能力目标**：具有一定的分析经济问题的能力

模块 名称	教学模块目标	单元 名称	单元目标
供求 理论	**知识目标**：描述需求理论和供给理论；阐述均衡价格理论的形成机制；解释弹性的含义，计算需求弹性；总结需求价格弹性与总收益的关系；熟悉其他弹性的概念 **能力目标**：运用供求分析工具对简单的经济现象进行分析，对市场供求发展趋势做出科学合理的预测；运用弹性理论分析其在经济中的应用；具有一定的绘制图表的能力；具有良好的人际交往能力	需求理论	**知识目标**：区分需求量和需求；举例说明影响需求的因素；描述需求规律 **能力目标**：具有运用需求图分析经济问题的能力
		供给理论	**知识目标**：区分供给量和供给；举例说明影响供给的因素；描述供给规律 **能力目标**：具有运用供给图分析经济问题的能力
		市场均衡	**知识目标**：定义均衡价格和均衡数量；阐述均衡价格的形成机制；区分过剩和短缺 **能力目标**：运用供求分析工具对简单的经济现象进行分析；对市场供求发展趋势做出科学、合理的预测
		弹性理论	**知识目标**：理解影响需求价格弹性的因素并且计算该弹性；了解供给价格弹性、需求交叉价格弹性和需求收入弹性；掌握需求价格弹性与收入之间的关系 **能力目标**：运用弹性理论对商品的定价模式进行分析，对厂商的经济行为做出合理的预测

模块名称	教学模块目标	单元名称	单元目标
消费者行为理论	**知识目标**：复述效用、边际效用及预算线的定义；计算边际效用和总效用；解释边际效用和总效用的关系；画出预算线，分析预算线的变动；理解消费者剩余的含义；列举消费者均衡的条件 **能力目标**：运用边际效用递减规律解释生活现象；运用效用最大化原则分析消费者最优决策	消费可能性	**知识目标**：掌握预算线的定义；理解预算和价格的变化；了解价格和预算线斜率的关系 **能力目标**：运用预算线分析某个人的消费可能性；具有一定的作图能力
		边际效用理论	**知识目标**：复述效用、边际效用的定义；计算边际效用和总效用；解释边际效用和总效用的关系；理解消费者剩余；掌握边际效用分析法和实现消费者均衡的条件 **能力目标**：推导需求曲线；能运用边际效用递减规律解释生活现象；运用效用最大化原则分析消费者最优决策
		无差异曲线	**知识目标**：复述无差异曲线及边际替代率的定义；计算边际替代率；解释边际替代率与边际效用的关系；掌握无差异曲线分析法和实现消费者均衡的条件 **能力目标**：运用效用最大化原则分析消费者最优决策；具有良好的人际交往能力

模块名称	教学模块目标	单元名称	单元目标
生产理论	**知识目标**：熟悉厂商生产的目标、短期和长期的概念以及生产函数；复述总产量、平均产量和边际产量的定义；掌握三种产量的计算方法；理解边际收益递减规律与平均产量和边际产量的关系；理解一种生产要素合理投入的分析方法 **能力目标**：运用生产要素的最适组合原理分析生产中一些简单的经济现象；具有一定的作图分析能力	厂商和生产函数	**知识目标**：熟悉厂商生产的目标，短期和长期的概念以及生产函数 **能力目标**：具有一定的分析问题的能力
		短期生产	**知识目标**：复述总产量、平均产量和边际产量的定义；掌握三种产量的计算方法；理解边际收益递减规律与平均产量和边际产量的关系；理解一种生产要素合理投入的分析方法 **能力目标**：运用生产要素的最适组合原理分析生产中的一些简单经济现象；具有一定的作图分析能力
		长期生产	**知识目标**：复述等产量曲线、等成本线和边际技术替代率的定义；计算边际技术替代率；解释边际技术替代率和边际产量的关系；解释生产要素最优组合点 **能力目标**：运用生产要素的最适组合原理分析生产中一些简单的经济现象

模块名称	教学模块目标	单元名称	单元目标
成本理论	**知识目标**：理解短期成本和长期成本的图像和分析方法；理解企业实现利润最大化的原则 **能力目标**：对企业的成本构成进行分析，运用利润最大化原则分析厂商的成本和收益行为；具有一定的分析、解决问题的能力；具有良好的人际交往能力	成本概念	**知识目标**：记忆并区分机会成本、沉没成本、显性成本、隐性成本、会计成本、经济利润和会计利润 **能力目标**：运用成本理论对生活中的选择做出合理的决策
		短期成本	**知识目标**：复述各成本的定义；解释各成本之间的关系 **能力目标**：运用成本理论分析真实企业的各项成本，并做出合理的决策
市场结构理论	**知识目标**：辨别市场类型；写出利润最大化的条件；理解完全竞争企业和垄断企业在短期和长期产量、价格和利润的决定 **能力目标**：结合实际对各类型厂商实现利润最大化进行分析；具有一定的决策能力；具有一定的计算和绘图能力	完全竞争	**知识目标**：辨别市场类型；写出利润最大化的条件；理解完全竞争企业在短期和长期产量、价格和利润的决定 **能力目标**：对厂商在短期和长期制定的决策进行分析
		完全垄断	**知识目标**：分析垄断产生的原因；理解单一价格垄断者如何决定其产出和价格 **能力目标**：对垄断厂商制定的决策进行分析

模块名称	教学模块目标	单元名称	单元目标
生产要素理论	**知识目标**：解释工资、利率是如何决定的；理解边际产品价值如何决定生产要素需求 **能力目标**：运用生产要素理论分析企业生产要素的价格是如何决定的；具有一定的计算和绘图能力	劳动力市场	**知识目标**：解释工资、利率是如何决定的；理解边际产品价值如何决定生产要素需求 **能力目标**：分析企业生产要素的价格是如何决定的
		收入不平等与贫困	**知识目标**：定义并绘制洛伦茨曲线；计算基尼系数；解释经济不平等及贫困是如何产生的；解释政府是如何再分配收入的，并描述再分配对经济不平等及贫困的影响 **能力目标**：具备一定的计算、作图分析的能力
市场失灵与微观经济政策	**知识目标**：描述市场失灵的现象；解释市场失灵的原因；知道微观经济政策的内容；了解政府的作用 **能力目标**：运用各种微观经济政策解决市场失灵问题	外部性	**知识目标**：复述外部性的定义；能区分正外部性和负外部性 **能力目标**：解释负外部性带来无效率的产出，而产权和政府行为能带来更有效率的产出；为市场失灵的现象提供可行的解决办法
		公共品	**知识目标**：区分私人产品、公共品和公共资源 **能力目标**：解释公共供给如何有效率地增加公共品数量并克服"搭便车"问题

三、微观经济学课程知识地图

表 7　微观经济学课程知识地图

模块名称	单元名称	知识点
认识经济学	导论	经济学、微观经济学和宏观经济学、经济学的研究对象、经济组织的三大基本问题、经济学的研究方法、经济学的十大原理
供求原理	需求理论	需求和需求量、需求表、需求曲线、需求法则、影响需求的因素、需求函数、需求的变动与需求量的变动的区别
	供给理论	供给和供给量、供给表、供给曲线、供给法则、影响供给的因素、供给的变动与供给量的变动的区别
	市场均衡	过剩和短缺、均衡价格和均衡数量、需求变化的影响、供给变化的影响、需求和供给同时变化
	弹性理论	需求价格弹性、需求收入弹性、需求交叉弹性、供给价格弹性的概念和计算、影响需求价格弹性和供给价格弹性的因素、需求价格弹性的分类、总收益与需求价格弹性的关系
消费者行为理论	消费的可能性	预算线的定义和方程、预算线的图形、预算和价格的变化
	边际效用理论	总效用、边际效用、画出效用图、边际效用递减规律、总效用与边际效用的关系、效用最大化、推导需求曲线、消费者剩余
	无差异曲线	无差异曲线、无差异曲线的特征、边际替代率、边际替代率递减规律、边际替代率与边际效用的关系、消费者均衡的条件

模块名称	单元名称	知识点
生产理论	厂商和生产函数	厂商的目标、生产要素和生产函数、短期和长期的概念
	短期生产	总产量、边际产量和平均产量的计算，画出各种产量图，边际报酬递减规律，各种产量之间的关系，生产要素的合理投入区间
	长期生产	等产量曲线、等成本线、边际技术替代率、边际技术替代率与边际产量的关系、生产要素最优组合的条件、生产的扩展线
成本理论	成本概念	机会成本和沉没成本、显性成本和隐性成本、会计利润和经济利润
	短期成本	总成本、总固定成本、总可变成本、平均成本、平均可变成本、平均固定成本和边际成本的计算，边际成本与平均成本和平均可变成本的关系，画出各成本曲线图
市场结构理论	完全竞争	市场结构类型，总收益、平均收益和边际收益的概念及计算，利润最大化产量的决定，短期的产量、价格和利润，长期的产量、价格和利润
	垄断	垄断产生的原因、价格和边际收益、产量和价格决策
生产要素理论	劳动力市场	生产要素的概念、边际产品价值、企业劳动力需求曲线、影响劳动力供给的因素、劳动工资率的决定
	收入不平等与贫困	洛伦茨曲线、基尼系数、经济不平等及贫困的原因、政府是如何再分配收入的、再分配对经济不平等及贫困的影响

续表

模块名称	单元名称	知识点
市场失灵与微观经济政策	外部性	外部性的分类、外部性对社会的影响、解决外部性的对策
	公共品	竞争性和排他性、公共品分类和配置的原则

四、微观经济学基本知识库

表 8　微观经济学基本知识库

基本概念	基本原理	基本研究方法和部分公式
经济学、微观经济学、稀缺性、实证分析和规范分析	经济组织的三个基本问题	经济学的思维方式、实证分析法和规范分析法、边际分析法和均衡分析法
需求、供给、需求量、供给量、均衡价格和数量、需求量的变动、供给量的变动、需求的变动、供给的变动、需求弹性、供给弹性、需求收入弹性、需求交叉弹性、过剩和短缺、替代品和互补品	需求定理、供求定理、供求原理、弹性原理	需求方程：$Qd=a-bP$ 供给方程：$Qs=c+dP$ 弹性公式： $$E_{dp}=-\frac{dQ}{dP}\cdot\frac{P}{Q}$$ $$E_m=-\frac{dM}{dQ}\cdot\frac{Q}{M}$$ $$E_{xy}=-\frac{dy}{dx}\cdot\frac{x}{y}$$
效用、边际效用、消费者剩余、基数效用、序数效用、无差异曲线、边际替代率、预算线、消费者均衡原则、收入效应和替代效应、消费者剩余	边际效用递减理论、消费者实现效用最大化的原则	$Q_XP_X+Q_YP_Y=I$ $$\frac{P_X}{P_Y}=MRS=\frac{MU_X}{MU_Y}$$ $$\frac{P_X}{P_Y}=\frac{MU_X}{MU_Y}$$
生产函数、短期和长期的概念、总产量、平均产量、边际产量、等产量曲线、边际技术替代率、规模收益、等成本线	边际报酬递减规律、生产要素的最优组合	$P_LL+P_KK=TC$ $MP_L/MP_K=P_L/P_K$

基本概念	基本原理	基本研究方法和部分公式
机会成本、隐性成本、显性成本、沉淀成本、可变成本、固定成本、边际成本、平均成本、平均可变成本、平均固定成本	边际成本与平均成本、平均可变成本的关系	$TC=FC+VC$ $ATC=AFC+AVC$ $MC=\triangle TC/\triangle Q$
总收益、边际收益、平均收益、完全竞争厂商、垄断厂商、生产者剩余、完全竞争厂商的供给曲线	利润最大化条件、短期均衡条件、长期均衡条件	$TR=P \cdot Q$ $MR=\triangle TR/\triangle Q$ $MR=MC$ $MR=LMC=SMC=LAC=SAC$
直接需求和派生需求、边际产品价值、劳动力边际产品价值、洛伦茨曲线、基尼系数	生产要素定价原则	$P \cdot MP_L=VMP=W$ $G=A/(A+B)$
寻租、外部性、竞争性、排他性、公共品、逆向选择、道德风险	提供公共品的原则	边际的社会效益=边际的社会成本

五、学习活动名称与设计

"问题设计"是问题导向教学法的素材,也是教学改革的关键环节。设计的"问题"所隐含的要求不仅是各个单元中多种多样的活动和知识片段,而且要成为单元学习的中心,目的是引发学生对知识的深入探究和最终迁移。因此,教师需要对课程目标进行深入分析,并结合专业人才培养目标、学生的学情等多种因素进行问题设计,使之传递将培养高阶认知能力作为学习目标的正确信号。

微观经济学的基本理论主要包括供求理论、消费者行为理论、生产理论、成本理论、市场理论、要素价格理论等。依据微观经济学的基本理论框架,根据市场经济环境下参与交易的主体进行资源的最优配置的行为过程设计现实问题,分别设计了专项性问题和综合性问题,然后根据单元设计安排了 17 个教学活动(详见表 9)。"问题设计"的思路是以学生对市场的初级认识为切入点,逐步深入展开教学活动。

每个项目具体包括活动目标、活动形式及组织、实施步骤、活动素材和活动评价。

活动素材：多媒体教室、黑板、教材、课件、习题库、笔记本、手机等。

活动评价：活动成果根据专项性问题和综合性问题，形成专项性成果和综合性成果。专项性成果由各组小组长根据小组工作评价量表进行评价，综合性成果由组间根据课堂演示评价量表进行评价。

（一）专项性问题

专项性问题涉及的理论知识是某一方面的。在解答过程中，对学生的综合能力要求不高，学生通过阅读教材和学习资料，基本可以顺利解决问题。因此，在课堂教学环节中，主要采取小组讨论的方式进行教学，如活动 1 所示。

活动 1：手机市场的需求分析

活动目标：通过活动使学生理解影响需求的因素和需求法则，区分需求量和需求的变动，能画出需求曲线图，能运用需求法则分析现实问题。

活动形式及组织：把全班学生分成若干学习小组，每组选定一名学生担任小组长。

实施步骤：课前一周，教师将课堂教学拟解决的问题通过"学习通"平台发给学生，小组成员分工合作查找资料，在"学习通"平台上学习知识点，制定解答问题的方案并上传至"学习通"。教师检查各小组的方案，记录各小组的研讨情况和存在的问题。在课堂教学中，教师组织各小组发言分享解决问题的思路、方法以及仍存在的困惑，随后教师根据学生的问题，对课程知识点进行深度讲解，请各小组更正小组方案，进行单元小结，发放单元知识小检测，并安排下次课堂活动。

活动评价：对活动成果的评价由各组小组长根据小组工作评价量表进行评价（如活动 2—17）。

（二）综合性问题

综合性问题涉及的知识面广，是一个模块的综合知识的运用，对学生的综合能力要求较高。因此，在课堂教学环节中，主要采取小组课堂汇报的模式进行教学，有助于学生的能力目标和素养目标的达成，如活动 2 所示。

活动 2：牛奶市场的均衡分析

活动目标：通过活动使学生定义均衡价格和均衡数量，区分过剩和短缺，阐述均衡价格的形成机制；能画出供求曲线的十字交叉图；能运用供求分析工具对简单的经济现象进行分析，对市场供求发展趋势做出科学合理的预测。

实施步骤：教师在课前一周将课堂教学拟解决的现实问题发给学生，小组成员分工合作查找资料，学习"学习通"视频中的知识点，制定解答问题的方案，完成学习成果 PPT 的制作。在"学习通"平台的分组任务中，各小组上传研讨成果。在进行课堂教学时，由小组成员代表以 PPT 课件的形式进行演示汇报，每个小组大致用 6 至 8 分钟。在汇报的过程中，小组通过"学习通"平台的评分功能进行互评，教师记录每个小组的汇报情况，公布各小组的成绩，评选出前三名，发放一些小奖品。教师总结并解答学生的疑问，安排下次课堂活动。

活动评价：对活动成果的评价，小组间根据课堂演示评价量表进行评价。

表 9　微观经济学教学活动简表

活动序号	活动名称	模块目标	学生作品
1	认识经济学	**知识目标**：复述经济学的概念；定义机会成本和生产可能性曲线；理解经济学的研究对象；区分经济学的研究方法 **能力目标**：具有一定的分析经济问题的能力	概述课堂上学到的"最重要"和"最有用"的知识

续表

活动序号	活动名称	模块目标	学生作品
2	手机市场需求分析	**知识目标**：掌握需求理论和供给理论；理解均衡价格理论的形成和弹性理论及其在经济中的应用；掌握弹性的含义，熟悉需求价格弹性理论，分析其与经济收益的关系；了解其他弹性的概念 **能力目标**：运用供求分析工具对简单的经济现象进行分析，对市场供求发展趋势做出科学合理的预测；具有一定的绘制图表的能力；具有良好的人际交往能力	小组作业；小组课堂演示
3	木材市场供给分析		小组作业；小组课堂演示
4	牛奶市场均衡分析		每个小组制作的课件
5	汉堡价格变化与总收益的关系		每个小组制作的课件
6	华女士消费的可能性分析	**知识目标**：掌握效用、边际效用及预算线的定义；计算边际效用和总效用；解释边际效用与总效用的关系；画出预算线，分析预算线的变动规律；理解消费者剩余的含义；掌握边际效用分析法和实现消费者均衡的条件 **能力目标**：运用边际效用递减规律解释生活现象；运用效用最大化原则分析消费者最优决策；具有良好的人际交往能力	小组作业；小组课堂演示
7	华女士最优消费组合分析		小组作业；小组课堂演示
8	华女士消费偏好的效用最大化分析		小组作业；小组课堂演示；复习式周记

活动序号	活动名称	模块目标	学生作品
9	如意农产品公司生产菠萝的分析	**知识目标：**了解厂商生产的目标、短期和长期的概念、生产函数；复述总产量、平均产量和边际产量的定义；掌握三种产量的计算方法；理解边际收益递减规律与平均产量和边际产量的关系；理解一种生产要素合理投入的分析方法；理解等产量曲线、等成本线和边际技术替代率；计算边际技术替代率；了解边际技术替代率与边际产量的关系、生产要素的最优组合	小组发言
10	分析如意农产品公司菠萝园的最优产量	**能力目标：**运用生产要素的最优组合原理分析生产中的一些简单经济现象；具有一定的作图分析能力；具有良好的人际交往能力	小组作业；小组课堂演示
11	李工程师创业可行性分析	**知识目标：**记忆并区分机会成本、沉没成本、显性成本、隐性成本、会计成本、经济利润和会计利润；复述各成本的定义；解释各成本之间的关系	小组方案设计
12	如意农产品公司菠萝园的短期成本	**能力目标：**运用成本理论对生活中的选择做出合理的决策；理解短期成本和长期成本的图像和分析方法；理解企业实现利润最大化的原则；运用成本理论分析真实企业的各项成本，并做出合理的决策；具有良好的人际交往能力	小组 PPT；小组汇报成果；复习式周记

活动序号	活动名称	模块目标	学生作品
13	郁金香种植行业中美美公司的短期均衡	**知识目标**：区分市场类型；写出利润最大化条件；理解完全竞争企业和垄断企业在短期和长期产量、价格和利润的决定	小组作业；小组分享
14	米尼矿泉水垄断市场的短期均衡	**能力目标**：结合实际对各类型厂商实现利润最大化进行分析；具有一定的决策能力；具有良好的人际交往能力	小组作业；小组讨论发言；知识结构图
15	冰沙公司雇用工人数	**知识目标**：解释工资、利率是如何决定的；理解边际产品价值如何决定生产要素需求；绘制洛伦茨曲线图，计算基尼系数；描述经济不平等及贫困的现象；解释经济不平等和贫困产生的原因	小组 PPT；小组课堂演示；复习式周记
16	广州市家庭收入分配	**能力目标**：运用生产要素理论分析企业生产要素的价格是如何决定的；具有运用基尼系数分析收入差距的能力；分析再分配对经济不平等及贫困的影响；具有良好的人际交往能力	小组作业；小组讨论发言

续表

活动序号	活动名称	模块目标	学生作品
17	广州白云国际机场外部性分析	**知识目标**：描述市场失灵的现象、导致市场失灵的原因；知道微观经济政策内容；能区分正外部性和负外部性，区分私人产品、公共品和公共资源；理解逆向选择和道德风险	小组作业；分享解决外部性的措施
18	广州市儿童公园建设问题分析	**能力目标**：运用各种微观经济政策解决市场失灵问题；解释负外部性带来无效率的产出，而产权和政府行为能带来更有效率的产出；能对市场失灵的现象提供可行的解决办法；解释公共供给如何有效地增加公共品数量并克服"搭便车"问题	小组作业；小组讨论发言

六、微观经济学教学进程表

表 10　微观经济学教学进程表

模块	单元名称	学习目标	教学策略	学习活动	学习评价
认识经济学	导论	**知识目标**：了解经济思想史；掌握经济学的概念、经济学主要研究的基本问题；理解经济学的研究方法 **能力目标**：具有一定的分析经济问题的能力	讲授为主	思考—配对—分享	课后完成导论思考题 1，检测学生对经济学研究内容的理解程度

模块	单元名称	学习目标	教学策略	学习活动	学习评价
供求理论	需求理论	**知识目标**：掌握需求量和需求的概念、影响需求的因素；掌握需求规律 **能力目标**：运用需求图分析经济问题	针对手机市场的需求设计和分组讨论 3 个问题	小组讨论 5 个因素对问题的影响；小组成员展示讨论结果	1. 根据小组工作评价量表评价各小组的讨论结果 2. 课后完成第 1 章思考题 1，检测学生对影响需求的因素的理解程度
	供给理论	**知识目标**：区分供给量和供给；理解影响供给的因素；掌握供给规律 **能力目标**：运用供给图分析经济问题	针对一家木料公司制作木材的供给设计 3 个问题并分组讨论	小组分析 6 个因素对木材供给的影响；小组成员展示讨论结果	1. 根据小组工作评价量表评价各小组的讨论结果 2. 课后完成第 1 章思考题 3，检测学生对供给定理的运用能力
	市场均衡	**知识目标**：了解均衡价格和均衡数量；理解均衡价格形成机制；掌握过剩和短缺的概念 **能力目标**：运用供求分析工具对简单的经济现象进行分析，对市场供求发展趋势做出科学合理的预测	听取各小组汇报课前安排的牛奶市场价格和数量变化的问题；点评各小组的汇报情况	各小组课堂演示对牛奶市场的分析成果；各小组修正存在的问题	1. 根据课堂演示评价量表评价各小组的汇报成果 2. 课后完成第 1 章思考题 4，检测学生运用供求理论的能力
	弹性理论	**知识目标**：理解影响需求价格弹性的因素，并且计算该弹性；了解供给价格弹性、需求交叉价格弹性和需求收入弹性；掌握需求价格弹性与收入之间的关系 **能力目标**：运用弹性理论对商品的定价模式进行分析，对厂商的经济行为做出合理的预测	设计针对汉堡的价格变化与总收益关系的 3 个问题并分组讨论	小组分析汉堡的价格分别上调 10%和下调 10%对卖家收入的影响；小组成员展示讨论结果	1. 根据小组工作评价量表评价各小组的讨论结果 2. 课后完成第 1 章思考题 9，检测学生运用弹性理论的能力

续表

模块	单元名称	学习目标	教学策略	学习活动	学习评价
消费者行为理论	消费的可能性	**知识目标**：掌握预算线的定义；理解预算和价格的变化；了解价格与预算线斜率的关系 **能力目标**：运用预算线分析某个人的消费可能性；具有一定的作图能力	设计针对华女士一周购买苹果和杂志的几个问题并分组讨论	小组讨论价格和收入的变化对华女士消费的可能性的影响；小组成员展示讨论结果	根据小组工作评价量表评价各小组的讨论结果
	边际效用理论	**知识目标**：复述效用、边际效用的定义，计算边际效用和总效用，解释边际效用与总效用的关系；理解消费者剩余；掌握边际效用分析法和实现消费者均衡的条件 **能力目标**：推导需求曲线；运用边际效用递减规律解释生活现象；运用效用最大化原则分析消费者最优决策	设计针对华女士如何实现效用最大化的3个问题并分组讨论	小组分析华女士实现效用最大化的条件；小组成员展示讨论结果	1. 根据小组工作评价量表评价各小组的讨论结果 2. 课后完成第2章思考题3，检测学生运用边际效用理论的能力
	无差异曲线	**知识目标**：掌握无差异曲线、边际替代率及其计算方法；了解边际替代率与边际效用的关系、消费者均衡的条件 **能力目标**：运用效用最大化原则，分析消费者的最优选择	设计针对华女士消费偏好的最优组合选择的几个问题并分组讨论	小组分析华女士在序数效用理论下实现效用最大化的条件；小组成员展示讨论结果	1. 根据小组工作评价量表评价各小组的讨论结果 2. 课后完成第2章思考题5，检测学生运用消费者均衡理论分析问题的能力

模块	单元名称	学习目标	教学策略	学习活动	学习评价
生产理论	生产函数及短期生产	**知识目标**：了解厂商生产的目标、短期和长期的概念、生产函数；复述总产量、平均产量和边际产量的定义；掌握三种产量的计算方法；理解边际收益递减规律与平均产量和边际产量的关系；理解一种生产要素合理投入的分析方法 **能力目标**：运用生产要素的最优组合原理分析生产中的一些简单经济现象；具有一定的作图分析能力	听取各小组汇报课前安排的如意农产品公司种植菠萝的问题；点评小组汇报的情况	课堂上，各小组演示对如意农产品公司的菠萝产量进行分析的成果；小组互评	1．根据课堂演示评价量表评价各小组的汇报成果 2．课后完成教材第 3 章思考题 2，检测学生在单一生产要素可变的条件下，对生产的三个阶段的区分和运用能力
	长期生产	**知识目标**：了解等产量曲线、等成本线和边际技术替代率；计算边际技术替代率；理解边际技术替代率与边际产量的关系；理解生产要素的最优组合点 **能力目标**：运用生产要素的最优组合原理分析某些经济现象	设计针对如意农产品公司长期种植菠萝的问题并分组讨论	小组讨论公司长期种植菠萝最优要素投入组合；小组成员展示讨论结果	1．根据小组工作评价量表评价各小组的讨论结 2．修改完善解题方案
成本理论	成本概念	**知识目标**：记忆并区分机会成本、沉没成本、显性成本、隐性成本、会计成本、经济利润和会计利润 **能力目标**：运用成本理论对生活中的选择做出合理的决策	从会计师和经济师的角度设计分析李工程师创业的可行性问题并分组讨论	小组讨论分析李工程师创业的可行性；小组成员展示讨论结果	1．根据小组工作评价量表评价各小组的讨论结果 2．课后完成教材第 3 章思考题 6，检测学生对机会成本和会计成本的概念的理解和区分能力

模块	单元名称	学习目标	教学策略	学习活动	学习评价
成本理论	短期成本	**知识目标**：复述各成本的定义；解释各成本之间的关系 **能力目标**：运用成本理论分析真实企业的各项成本，并做出合理的决策；具有良好的人际交往能力	针对如意农产品公司菠萝种植园的成本投入设计问题并分组讨论	小组讨论如意农产品公司生产的各种成本以及成本之间的关系；小组成员展示讨论结果	1．根据小组工作评价量表评价各小组的讨论结果 2．课后完成教材第 3 章思考题 9，检测学生对七种成本概念的理解和计算能力
市场结构理论	完全竞争	**知识目标**：区分市场类型；写出利润最大化的条件；理解完全竞争企业对短期和长期产量、价格和利润的决定 **能力目标**：对厂商制定的短期和长期的决策进行分析	针对完全竞争型行业中郁金香种植行业内美美公司决策设计问题并分组讨论	小组分析美美公司的决策；小组成员展示讨论结果	1．根据小组工作评价量表评价各小组的讨论结果 2．课后完成教材第 4 章思考题 10，检测学生对完全竞争厂商决策的短期均衡分析能力
	完全垄断	**知识目标**：描述垄断产生的原因；理解单一价格垄断者如何决定其产出和价格 **能力目标**：对垄断厂商制定的短期和长期的决策进行分析	针对一家完全垄断企业——自来水公司的决策设计问题并分组讨论	小组分析自来水公司的决策；小组成员展示讨论结果	1．根据小组工作评价量表评价各小组的讨论结果 2．课后完成教材第 5 章思考题 10，检测学生对完全垄断厂商理论的理解和运用能力

续表

模块	单元名称	学习目标	教学策略	学习活动	学习评价
生产要素理论	生产要素市场	**知识目标**：解释工资、利率是如何决定的；理解边际产品价值如何决定生产要素需求 **能力目标**：分析企业生产要素的价格是如何决定的；具有一定的沟通能力	听取各小组汇报课前安排的冰沙公司如何雇用工人的问题；点评小组汇报情况	各小组课堂演示对冰沙公司雇用工人情况的分析；小组互评	1. 根据课堂演示评价量表评价各小组的汇报成果 2. 课后完成教材第 6 章思考题 4，检测学生对生产要素理论的理解和运用能力
	收入分配不平等及贫困	**知识目标**：绘制洛伦茨曲线图，计算基尼系数；描述经济不平等及贫困的现象；解释经济不平等及贫困产生的原因 **能力目标**：具有运用基尼系数分析收入差距的能力；分析再分配对经济不平等及贫困的影响	针对近几年广州市家庭收入变化设计问题并分组讨论	小组分析广州市家庭收入差距产生的原因，如何计算基尼系数；小组展示解决方案	1. 根据小组工作评价量表评价各小组的学习情况 2. 课后完成"学习通"平台上的作业，检测学生对收入分配理论知识点的理解程度
市场失灵和微观经济政策	外部性	**知识目标**：了解外部性的定义，能区分正外部性和负外部性 **能力目标**：解释负外部性带来无效率的产出，而产权和政府行为能带来更有效率的产出；能对市场失灵的现象提供可行的解决办法	针对广州白云国际机场外部性现象设计问题并分组讨论	小组分析广州市白云国际机场产生的外部性问题；小组成员展示讨论方案	1. 根据小组工作评价量表评价各小组的讨论结果 2. 完成"学习通"平台上布置的外部性的练习题，检测学生对外部性概念的理解，以及解决负外部性有效措施的运用能力

续表

模块	单元名称	学习目标	教学策略	学习活动	学习评价
市场失灵和微观经济政策	公共品	**知识目标**：区分私人产品、公共品和公共资源 **能力目标**：解释公共供给如何有效率地增加公共品数量并克服"搭便车"问题	针对广州市儿童公园设计问题并分组讨论	小组分析广州市儿童公园建设问题；小组成员展示讨论结果	1．根据小组工作评价量表评价各小组的讨论结果 2．课后完成教材第 8 章思考题 7，检测学生对公共品概念的理解，以及对解决市场失灵有效措施的运用能力

七、题库及常见问题

（一）题库

依据课程大纲及考核知识点在"学习通"平台上建设题库。题库根据模块来构建，题型包括单项选择题、多项选择题、判断题、名词解释、简答题、计算题、作图分析题和论述题，题型的数量分别为 100 题、30 题、100 题、35 题、14 题、10 题、5 题和 5 题。再根据题目类型组成 10 套试卷，卷面分 100 分，试题类型至少 5 类，分值比重可为：15 个选择题共 30 分（每小题 2 分）、5 个多选题共 10 分（每小题 2 分）、10 个判断题共 10 分（每小题 1 分）、5 个名称解释共 15 分（每小题 3 分）或 3 个简答题共 15 分（每小题 5 分）、2 个计算题共 20 分、1 个作图分析题或论述题 15 分。

（二）常见问题

表 11　微观经济学常见问题

单元名称	序号	常见问题
供求理论	1	影响需求和供给的因素
	2	需求量的变动和需求的变动的区别，供给量的变动和供给的变动的区别
	3	试用供求理论和弹性理论分析"谷贱伤农"的现象
消费者行为理论	4	边际效用与总效用的关系
	5	试用边际效用理论分析水和钻石的价值悖论
	6	根据等边际原则分析消费者效用最大化的理论
生产理论	7	计算边际产量和平均产量
	8	假定某厂商只有一种可变要素劳动 L，产出一种产品 Q，固定投入为既定，短期生产函数 $Q=-0.1L^3+6L^2+12L$，求： （1）劳动的平均产量 AP 为最大值时的劳动人数 （2）劳动的边际产量 MP 为最大值时的劳动人数 （3）分析厂商合理投入要素区间
	9	分析规模报酬的三个阶段
成本理论	10	辨析会计利润、经济利润和正常利润
	11	已知一成本函数为： $$STC=Q^3-12Q^2+60Q+40$$ 依据这一成本函数写出不变成本、可变成本、平均成本、边际成本，以及平均不变成本、平均可变成本
	12	已知短期总成本函数为： $$STC=5Q^3-35Q^2+90Q+120$$ 自哪一产量水平起，STC 及 TVC 以递增的速率上升？
市场结构理论	13	某完全竞争行业有 100 个相同的厂商，每个厂商的成本函数为：$STC=0.1q^2+q+10$，成本用美元计算。 （1）求供给函数 （2）假设市场需求曲线 $Q_D=4000-400P$，求市场的均衡价格和产量 （3）假设对每单位产品征收 0.9 美元的税，新的市场均衡价格和产量是多少？厂商和消费者各负担多少？

续表

单元名称	序号	常见问题
市场结构理论	14	一垄断厂商生产某产品的总成本函数为：$TC = Q^3/3 - 30Q^2 + 1000Q$，产品在实行差别价格的两个市场上出售，第一个市场的需求函数为：$P_1 = 1100 - 13q_1$，在利润最大时，产量为 48。在第二个市场的需求上，当价格为均衡价格时的弹性为-3，试问该厂商的纯利润为多少？
生产要素理论	15	厂商使用生产要素的原则是什么？
	16	劳动供给曲线为何会向后弯曲？
	17	某印染厂的生产函数为：$Q=98L-3L^2$，其中 Q 为每天的产量，L 为每天雇用的工人人数。假定产品不论生产多少，都能按 20 元的价格出售，工人每天的工资均为 40 元，而且工人是该厂唯一的可变投入要素，问该厂为谋求利润最大，每天应雇用多少工人？
市场失灵与微观经济政策	18	如何解决外部性？
	19	如何理解公共品的提供原则？

八、问题导向的微观经济学单元教学设计

单元教学设计是从一个单元的角度出发，根据章节或单元中不同知识点的需要，综合利用各种教学形式和教学策略，通过一个阶段的学习让学习者完成对一个相对完整的知识单元的学习。在单元教学设计时，按照"学习目标—教与学的活动—学习评估"互相一致的逻辑进行设计。

"教学过程"是"知识与能力""素养目标"形成的必备途径，是实现三个目标的关键。因此，在单元教学设计中，要突出"教学过程"的设计。微观经济学课程构建了 17 个教学单元，在教学过程中，要有序按照已设计好的教学流程进行。在教学策略上，主要采用 4T 学习策略：Task（学习活动）、Team（小组协作）、Thinking（思考）、Talking（发言）。但在课堂上，教师面对的是个性化的、独立的、有思想的学生，他们的课堂反应不同，对学习内容的理解和掌握也不同。教师事先设定的教学策略会受到学生

的知识水平、个性差异和学校现有的客观条件等多方面的制约。因此，教师要深入课堂，实时调控，灵活选择切实可行的学习策略，才能取得良好的教学效果。教学日志是笔者根据在 2020 级开展教学实践的情况总结的。

表 12　微观经济学单元教学设计

单元名称	导论	所属模块名称	1．认识经济学	学时	2
知识与能力	掌握经济学的概念；定义机会成本和生产可能性曲线；理解经济学研究对象；区分经济学的研究方法；具有一定的分析经济问题的能力				
教学内容	西方经济学；西方经济学的由来和发展；西方经济学的研究对象；经济学的研究方法				
教学重点	西方经济学的研究对象；西方经济学的基本框架				
教学难点	西方经济学的基本框架；西方经济的由来				

教学过程	
教师活动	**学生活动**
1．课前准备 在"学习通"平台上建设教学资源库，包括知识点的学习视频、教学大纲、授课计划、教学课件和每章的习题库。 2．导入新课 介绍在课程教学中采用的问题导向教学法，以及为什么要采用此方法。 3．引导学生思考 西方经济学研究的主要问题有哪些？你学习经济学的期望是什么？ 4．梳理知识点 经济学的研究对象、方法，经济思想史，微观经济学的框架结构图等。 5．课堂测试题 （1）经济学最好的定义是对（　　）的研究。 　A．社会如何管理稀缺资源 　B．如何按最盈利的方式经营企业 　C．如何预测通货膨胀、失业和股票价格 　D．政府如何制止不受制约的利己所带来的危害 （2）人们在进行决策时，必须做出某种选择，这是因为（　　）。 　A．选择会导致短缺 　B．人们在进行决策时面临的资源是有限的 　C．人是自私的，所做出的选择会实现自身利益的最大化 　D．个人对市场的影响是微不足道的 6．单元小结（略） 7．课外作业（略）	1．课前登陆"学习通"，加入微观经济学课程；察看微观经济学课程大纲和授课计划，并观看第一讲的视频。 2．在课堂上，对问题导向教学法有初步认识以后，暂停视频，思考并分享各自的看法。 3．学生听教师的讲解，记录学习要点。 4．课堂测试题的正确率分别为92%和88%。 5．绘制西方经济学的知识结构图，并描述其中的某些内容。

教学日志：经济学的第一堂课主要是让学生了解问题导向教学法，激发学生对经济学课程的学习兴趣和欲望。于是，教师介绍了布鲁姆教育目标分类法。该分类法具体分为知道、领会、应用、分析、综合和评价，其指出，问题有简单和复杂之分，人的认知过程是从低阶认知到高阶认知的过程。布鲁姆教育目标分类法将所有知识点的掌握程度分为以下六个层级：

记忆是从长时记忆中找到和识别接收到的信息；理解是得到信息后用自己的语言表达其中的意义；应用是在给定的情景中执行或使用信息；分析是将信息分解，确定各部分间、各部分与总体间的关系；评价是以得到的信息为准则做出判断；创造是将得到的信息重新组织成新的模型或结构。

在上述六个层级中，记忆和理解是低阶认知阶段，其他的是高阶认知阶段。传统讲授法达成的层级在记忆、理解和应用层。而分析、评价和创造层，一般不是通过讲授法达成的。教师参考布鲁姆教育目标分类理论，思考如何让学生快速进入积极的学习状态，计划下节课的学习，可在一定的时间段里采取分组讨论的方法激励学生积极思考和参与。

表 13　微观经济学单元教学设计

单元名称	2-1 需求	所属模块名称	2．供求理论	学时	2
知识与能力	区分需求量和需求；分析影响需求的因素；描述需求规律；具有运用需求图分析经济问题的能力				
教学内容	需求和需求量；需求规律和需求函数；影响需求的因素；需求量的变动和需求的变动				
教学重点	需求规律和需求函数；影响需求的因素				
教学难点	影响需求的因素；需求量的变动和需求的变动				

续表

教学过程	
教师活动	学生活动
1. 课前预习 在"学习通"平台上发布学习任务： 在现代经济生活中，手机成了人们生活中的重要物品。下列情况仅在手机市场上的某个时间点发生： a. 手机价格下降； b. 每个人都认为手机价格在下个月下降； c. 手机的通话费下降； d. 固定电话的通话费上升； e. 带相机的手机面市使得手机更为流行。 利用这些信息回答以下 3 个问题： （1）解释上述每个事件对手机需求的影响。 （2）使用图形来说明每个事件的效应。 （3）哪些事件说了需求法则？ 2. 回顾前课 经济学的研究对象、经济学的基本假设等。 3. 导入新课 演示各小组上传的现实问题的解决方案。 4. 梳理知识点 梳理需求、影响需求的因素、需求量的变动和需求的变动等知识点。 5. 小组研讨 引导各小组讨论手机市场需求的 3 个问题，教师巡回指导。 6. 课堂测试题 （1）在得出某彩电的需求曲线时，下列因素中不会使其需求曲线移动的是（　　）。 　A. 购买者（消费者）收入变化　　B. 彩电价格下降 　C. 相关商品价格下降　　　　　　D. 消费者偏好变化 （2）保持所有其他因素不变，当消费者预期某种商品在未来会出现价格上涨时，则对该商品的当前需求会（　　）。 　A. 减少　　　　　　　　　　　B. 增加 　C. 不变　　　　　　　　　　　D. 以上三项均有可能 （3）苹果汁和橙汁是替代品，如果橙汁的价格上升，将会导致（　　）。 　A. 苹果汁的需求量增加　　　　B. 苹果汁的需求量减少 　C. 苹果汁的需求增加　　　　　D. 苹果汁的需求减少	1. 小组讨论，上传解题方案。 2. 对资源的稀缺性等知识点进行回答。 3. 小组讨论在解决问题时遇到的困难，不能准确分析需求的影响因素。 4. 学生听讲、思考、做笔记。 5. 小组成员修改方案，组间交流。 6. 课堂测试题的正确率分别为 98%、73%和67%。 7. 总结影响需求的因素。

教学日志：本单元的难点是区分各因素对需求的影响，绘制需求曲线图，能在图上展示需求量的变动和需求的变动情况。在讲授过程中，教师可用下图进行演示。

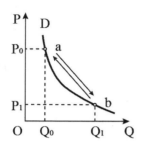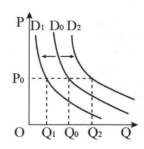

通过本单元的学习，使学生准确掌握需求的定义，区分需求和需求量，能举例说明影响需求的因素，区分需求和需求量的变动。在分析影响需求的因素时，教师采用抢答的方法，给参与抢答的学生课堂奖励分。在抢答的学生中，选择学生板书演示，激励学生积极参与课堂活动，使课堂气氛活跃。同时，也使学生能快速地掌握需求曲线的作图方法，以及分析各因素对需求曲线的影响。教学活动要与教学目标匹配。

表 14　微观经济学单元教学设计

单元名称	2-2 供给	所属模块名称	2. 供求理论	学时	2
知识与能力	区分供给量和供给；分析影响供给的因素；描述供给规律；具有一定的作图能力及运用供给图分析经济问题的能力				
教学内容	供给和供给量；供给规律和供给函数；影响供给的因素；供给量的变动和供给的变动				
教学重点	供给规律和供给函数；影响供给的因素				
教学难点	影响供给的因素；供给量的变动和供给的变动				

教学过程	
教师活动	学生活动
1．课前预习 在"学习通"平台上发布学习任务： 木料公司使用原木制作木材。在制作木材的过程中，还生产出了锯末，它可以被用于制作压缩木板。在木材市场上，下列情况逐一发生： a．锯木工人的工资上升； b．锯末的价格上升； c．木材的价格上升； d．木梁的价格预期在明年要上升； e．环境保护主义者说服政府通过了一条新的法律，减少砍伐用于制作木梁的森林数量； f．一项新的技术降低了制作木梁的成本。 利用上述信息回答以下 3 个问题： （1）解释上述每种情况对木梁供给的影响。 （2）绘图说明上述情况的效应。 （3）有哪些或哪几项解读了供给法则？ 2．回顾前课 请学生板书，做出需求曲线图，并分析收入、替代品等因素对需求的影响。 3．导入新课 演示各小组关于木材供给的解题方案。 4．梳理知识点 帮助学生理顺供给的基本概念和规律、影响供给的因素、供给量的变动和供给的变动等知识点。 5．小组研讨 各小组讨论针对一家木料公司制作木材的供给设计的 3 个问题，教师巡回指导。 6．课堂测试题 （1）鞋的供给曲线是向上倾斜的，在保持其他因素不变的条件下，鞋的价格上升，将会导致（　　）。 　A．供给增加　B．供给量增加　C．供给减少　D．供给量减少 （2）彩电行业工人工资的提高，将会导致（　　）。 　A．彩电供给曲线左移　　　　　B．彩电供给曲线右移 　C．彩电需求曲线左移　　　　　D．彩电需求曲线右移 （3）假如生产彩电的厂商预期彩电的价格将下降，则（　　）。 　A．彩电供给曲线向左移动　　　B．彩电供给曲线向右移动 　C．彩电需求曲线向左移动　　　D．彩电需求曲线向右移动	1．学生预习教材、课件、知识点视频；小组合作，制作现实问题解决方案。 2．学生绘制需求曲线，并进行描述。 3．抽选 2 个小组分享体会。 4．学生听讲、做笔记。 5．小组修订方案，组间进行交流。 6．"学习通"平台的检测结果显示：课堂测试题的正确率分别为75%、68%和51%。 7．总结影响供给的因素，绘制供给曲线图。

教学日志：通过本单元的学习，使学生准确掌握供给和供给量的定义，描述供给规律，分析影响供给的因素。由于本部分的知识点的学习需要学生具有一定的作图和分析能力，因此教师在讲解知识点时要特别注重培养学生分析问题的能力。从课堂教学来看，多数学生能结合知识点区别供给和供给量问题，能正确绘制供给量的变动图和供给的变动图。但有的学生的学习主动性不高，空间想象力较弱，不能正确绘制图形。在测试环节，能反映出部分学生没有正确理解影响供给的因素，特别是工资和预期对供给的影响，这主要表现在对工资和收入、供给和生产两组概念的混淆上。教师根据学生的评价结果安排作业，使学生通过作业再次进行训练，加强对影响供给因素的理解，并能正确绘制图形，提高运用理论知识的能力。

表 15　微观经济学单元教学设计

单元名称	2-3 市场均衡分析	所属模块名称	2．供求理论	学时	2
知识与能力	计算均衡价格和均衡数量；阐述均衡价格的形成机制；区分过剩和短缺；运用供求工具分析某些经济现象；对市场供求发展趋势做预测				
教学内容	均衡数量和均衡价格；均衡价格的形成机制；需求变动对均衡的影响；供给变动对均衡的影响				
教学重点	均衡数量和均衡价格；均衡价格的形成机制				
教学难点	供给和需求的变动对均衡的影响				
教学过程					

教师活动	学生活动
1．课前预习 发布关于牛奶市场供求问题的学习任务： 下表是牛奶的需求和供给表，利用表中的信息回答以下 4 个问题：	1．学生预习教材、课件、知识点视频；小组合作，制作 PPT。 2．学生板书作图分析。 3．各小组课堂演示分析成果；小组根据课堂演示评价量表进行评分。

价格（美元）	需求量（盒/天）	供给量（盒/天）
1.00	200	110
1.25	175	130
1.50	150	150
1.75	125	170
2.00	100	190

（1）牛奶市场的均衡价格和均衡数量各是多少？ （2）描述牛奶价格为 1.75 美元/盒时牛奶市场的状态，并解释市场是如何达到新的均衡的。 （3）干旱使得在某一价格下每天的牛奶供给量减少 45 盒，新的均衡是什么？市场是如何调整到新的均衡的？请结合表格加以解释。 （4）牛奶越来越受到人们的欢迎，更好的喂养方式提高了牛奶的生产量。这些条件是如何影响需求和供给的？描述均衡价格和均衡数量是如何改变的，请结合图形加以解释。 2．回顾前课 复习影响需求和供给的因素。 3．小组展示 听取各小组汇报课前已安排的有关牛奶市场的问题；记录各小组的汇报情况。 4．教师点评 教师进行点评，对均衡价格的形成机制做深入的分析。 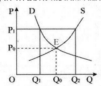 5．课堂测试题 （1）小麦歉收导致小麦价格上升，准确地说，在这个过程中（　　）。 　A．小麦供给的减少引起需求量下降 　B．小麦供给的减少引起需求下降 　C．小麦供给量的减少引起需求量下降 　D．小麦供给量的减少引起需求下降 （2）在需求和供给同时减少的情况下（　　）。 　A．均衡价格和均衡交易量都将下降 　B．均衡价格将下降，均衡交易量的变化无法确定 　C．均衡价格的变化无法确定，均衡交易量将下降 　D．均衡价格将上升，均衡交易量将下降 （3）市场上某产品存在超额需求是由于（　　）。 　A．产品价格超过均衡价格 　B．该产品是优质品 　C．消费者偏爱该产品 　D．该产品价格低于均衡价格	4．学生做简要的笔记，学习课程知识。 5．评估结果显示：课堂测试题的正确率分别为 36%、74%和64%。 6．绘制供求均衡图，说出分析均衡点变动的三个步骤。

教学日志: 本单元的学习内容是供求均衡分析,现实问题具有综合性。教师提前给各小组安排了问题,课堂上各小组代表进行课堂演示,其他小组进行评分。各小组能按照学习要求完成学习任务。

在课堂演示过程中,有的小组制作的 PPT 比较简单,字号小,没有重点和难点,项目展示时声音小,不能结合单元知识点进行演示,只是为了完成学习任务;有的小组表现得非常棒,课件的封面和内容很有动画感,对于不懂的知识点能通过网络、教学参考书以及高年级学生的帮助等,完成项目方案的制作。

教师在进行问题设计和评价时,紧紧围绕教学目标来展开。本单元教学目标的核心是要求学生能够运用供求图探究均衡价格和均衡数量的形成机制和过程,以及影响因素对均衡点的影响。要达到这一目标,教师就必须思考学生要完成哪些任务,判断任务达成的标准有哪些。评价任务设计了绘图题和单选题,通过动手画的过程来演绎均衡价格的形成过程,通过单选题来分析影响供求的因素与均衡点变动之间的规律。同时,教师与学生利用评价标准,可以清晰地知道学生目标的达成度如何以及哪里有问题,从而做出教学反馈。

采取小组汇报的方式进行学习,能很好地培养学生的团队协作精神,提高学生的逻辑思维能力和语言表达能力。对于现实问题的探索,能激发学生的学习兴趣,并达成教学的高阶认知目标。

表16 微观经济学单元教学设计

单元名称	2-4 弹性理论	所属模块名称	2. 供求理论	学时	2
知识与能力	掌握需求价格弹性、供给价格弹性、需求交叉价格弹性和需求收入弹性;计算需求价格弹性;掌握需求价格弹性与收入之间的关系;运用弹性理论对商品定价模式进行分析,对厂商的经济行为做出合理的预测				
教学内容	需求价格弹性;需求收入弹性;需求交叉价格弹性;供给价格弹性;需求价格弹性与总收益的关系				
教学重点	需求价格弹性;需求价格弹性与总收益的关系				
教学难点	计算需求价格弹性;需求价格弹性与总收益的关系				
教学过程					
教师活动			学生活动		

1．课前预习	1．学生预习教材、课件、知识点视频；小组合作，制作课件。
发布学习任务： 下表列出了 KFC 的汉堡包在价格为 0～8 美元之间的需求量。 根据表中信息回答下列问题：	2．通过"学习通"平台答题。 3．各小组课堂演示分析成果；小组互评。 4．学生听讲、思考。 5．学生提问，记录教师的解答；学生通过"学习通"平台复述单元知识。 6．写出需求价格弹性的弧弹性和点弹性计算公式；解释需求价格弹性与总收益的关系。

价格（美元）	需求量	总收益（美元）	需求的价格弹性
8	0		
7	2		
6	4		
5	6		
4	8		
3	10		
2	12		
1	14		
0	16		

（1）用表中的数据画出需求曲线。

（2）计算KFC在每一价格水平上的总收益，并画出总收益曲线。

（3）用中点法计算表中所列价格的需求弹性，并解释价格、需求弹性与总收益之间的关系。

2．回顾前课

设计 3 个考查供求均衡分析的单选题（供给变动、需求变动、小麦歉收导致小麦价格上升过程中发生的变化）。

3．小组展示

听取各小组汇报课前已安排的有关弹性理论的问题，记录各小组的汇报情况。

4．教师点评

教师进行点评，重点解释需求价格弹性的定义、计算和分类。

$$E_P = -\frac{\frac{\Delta Q}{Q}}{\frac{\Delta P}{P}} = -\frac{\Delta Q}{\Delta P} \cdot \frac{P}{Q}$$

5. 小组提问

教师解答学生仍存在的疑惑。

教学日志： 根据课前测试可以看出，80%以上的学生能够理解供给和需求的单项性知识，但大部分学生对综合性分析感到困惑，这是因为学生对十字交叉供求图没有进行深入的理解，对需求量和需求、供给量和供给这两组概念的理解还不够深入。经过教师的指导，这部分学生对这些内容有了清楚的认识。

本单元安排的现实问题，弹性内容多，理论性强，又具有很强的综合性。以前采用传统的讲授法，教师讲得头头是道，学生仍然不能完成学习任务；现在采用查找资料、同伴互教的学习方法，对于学生难以理解的问题是非常有效的。于是教师采取了小组展示的形式，各小组能按照学习要求完成学习任务。

在课堂演示过程中，教师发现这次的课堂演示效果不太理想，大部分小组所做的 PPT 是照搬教材上的知识点，课堂分享时把 PPT 读了一遍，并没有加入自己的理解。在讲评环节，教师根据各小组存在的问题和具体的现实问题，循序渐进地引导学生思考、动手计算、分析，最终使大多数学生对知识点有了进一步的理解。虽然采取小组汇报的方式进行学习，能很好地培养学生的团队协作精神，提高学生的逻辑思维能力和语言表达能力，也能让学生带着问题走进课堂，上课更加专注，能很好地达成教学的高阶目标，但学生容易缺乏对知识点的系统理解。

表 17　微观经济学单元教学设计

单元名称	3-1 消费的可能性	所属模块名称	3. 消费者行为理论	学时	2
知识与能力	掌握预算线的定义；理解预算和价格的变化；理解价格与预算线斜率的关系；运用预算线分析某个人的消费可能性；具有一定的作图能力				
教学内容	效用；预算约束线；效用最大化				
教学重点	预算约束线				
教学难点	效用最大化				
教学过程					
教师活动			学生活动		

1．课前预习 发布关于华女士消费选择的学习任务： 华女士每周在苹果和杂志上的消费预算是12元。苹果的价格是每斤2元，杂志的价格是每本4元。 （1）列出华女士买得起苹果和杂志的产品组合。 （2）杂志的相对价格是多少？对所得答案进行解释。 （3）画出一条华女士的预算线（横轴为苹果的消费数量）。在其他条件不变的前提下，如果以下情况发生，描述一下预算线是如何变化的：a．杂志的价格下降；b．华女士在苹果和杂志上的消费预算增加。 2．回顾前课 发布关于需求价格弹性计算、需求收入弹性、需求交叉弹性、需求价格弹性与总收益的关系四个知识点的单选题。 3．导入新课 引导学生思考：人们从商品的消费中想获得什么？ 4．梳理知识点 效用，预算线的定义、方程，预算线的变动，预算线的图形。 5．小组研讨 引导各小组讨论有关华女士一周购买苹果和杂志的3个问题；教师巡回指导，激励小组进行深入探究。 6．课堂测试题 （1）预算线的位置和斜率取决于（　　）。 　A．消费者的收入 　B．消费者的收入和商品的价格 　C．消费者的偏好、收入和商品的价格 　D．消费者的偏好和收入 （2）预算线向右上方平行移动的原因是（　　）。 　A．商品X的价格下降了 　B．商品Y的价格下降了 　C．商品X和Y的价格按同样的比率下降 　D．不确定 7．单元小结（略）	1．学生预习教材、课件、知识点视频；小组合作，制作现实问题的解决方案。 2．通过"学习通"平台答题。 3．学生思考、分享。 4．学生和教师一起梳理知识点。 5．小组讨论价格和收入的变化对华女士消费的可能性的影响；小组成员展示修改方案。 6．学生复述预算线的定义，写出预算线方程。

教学日志: 在"回顾前课"这一环节,教师了解到超过 30%的学生没有掌握需求价格弹性与总收益的关系,于是教师进行了简要复习。本单元设计的消费可能性的问题是单项性问题,与综合性问题相比较为简单。课堂的每个环节按照单元进行设计。在小组研讨环节,请三个小组的代表上台演示预算线的变动,教师巡回指导,察看各小组的学习情况。

这个单元的知识较为简单,各小组基本能正确解答。但从检测环节可以看出,学生对预算线的移动还是存在理解困难,这反映出学生对初中阶段学习的一次函数知识掌握得较为薄弱,作图能力还有待提高,不能有效地将所学知识进行迁移。教师根据存在的问题,采取提问的方式,逐步引导学生回答,帮助学生克服困难,加强对学生思维能力的训练。

表 18　微观经济学单元教学设计

单元名称	3-2 边际效用理论	所属模块名称	3. 消费者行为理论	学时	2
知识与能力					

单元名称	3-2 边际效用理论	所属模块名称	3. 消费者行为理论	学时	2
知识与能力	掌握效用和边际效用;计算边际效用和总效用;理解边际效用与总效用的关系;掌握消费者剩余;掌握边际效用分析法和实现消费者均衡的条件;推导需求曲线;运用边际效用递减规律解释某些生活现象;运用效用最大化原则分析消费者最优决策				
教学内容	边际效用;边际效用递减规律;边际效用与总效用的关系;基数效用论的消费者均衡分析				
教学重点	边际效用;边际效用与总效用的关系				
教学难点	基数效用论的消费者均衡分析				
教学过程					
教师活动				**学生活动**	

1. 课前预习

发布关于华女士实现效用最大化的学习材料:

下表列出了华女士消费苹果和杂志总效用水平(以效用单位进行衡量)。假设市场上只有这两种商品是华女士喜欢的。根据信息回答下列问题。

消费的单位	苹果的边际效用	苹果的总效用	杂志的边际效用	杂志的总效用
3	32	348	20	130
4		376		148
5		400		164

学生活动:

1. 预习教材、课件、知识点视频;小组合作,制作现实问题的解决方案。

2. 学生回答预算线的定义及坐标轴表示的变量的含义。

3. 小组相互交流,分享解题思路。

续表

消费的单位	苹果的边际效用	苹果的总效用	杂志的边际效用	杂志的总效用
6		420		178
7		436		190
8		448		200
9		456		208
10		461		213
11		464		216

（1）请计算苹果和杂志的边际效用。

（2）假设苹果和杂志的价格分别为2.40元/斤和1.00元/本，华女士每次只有20元可以购买它们。请分析：华女士购买哪一组合，才能获得最大效用或者说达到均衡？此时华女士从购买苹果和杂志中得到的总效用是多少？

（3）现在假设苹果的价格从2.40元/斤降到1.00元/斤，杂志的价格不变，华女士还是只有20元。请分析：华女士购买哪一组合实现了效用最大化？此时的总效用是多少？请分析为什么会发生这种情况。

2．回顾前课

展示上节课的问题，在上节课的现实问题的基础上，添加华女士的消费组合表。

3．导入新课

表中增加了华女士的消费组合的数据，请同学们思考：华女士会选择哪个消费组合呢？

4．梳理知识点

重点讲解边际效用、边际效用递减规律、边际效用与总效用的关系、基数效用论的消费者均衡条件、消费者剩余。边际效用与总效用的关系如下图所示：

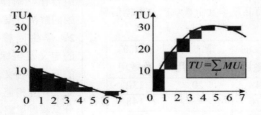

续表

4．学生听讲、思考、做笔记。

5．小组分析华女士实现效用最大化的条件；小组成员展示修改方案。

6．"学习通"平台的检测结果显示：课堂测试题的正确率分别为88%、90%和68%。

7．绘制边际效用与总效用图；写出基数效用论的消费者均衡条件。

续表

5．小组研讨 引导学生分组解答针对华女士实现效用最大化设计的3个问题，教师巡回指导。 6．课堂测试题 （1）当某消费者对商品 X 的消费达到饱和点时，则边际效用 MUX 为（　　）。 　　A．正值　B．负值 　　C．零　　D．不确定，需视具体情况而定 （2）人们常说的"多多益善"，从经济学角度来说，是指随着所消费的商品数量增多，导致（　　）。 　　A．总效用递增　　　　　B．边际效用递增 　　C．总效用递减　　　　　D．边际效用递减 （3）已知某消费者的收入是 100 元，商品 X 的价格是 10 元，商品 Y 的价格是 5 元。假定他打算购买 7 单位的 X 和 6 单位的 Y，这时商品 X 和 Y 的边际效用分别是 50 和 20。如果想获得最大效用，他应该（　　）。 　　A．停止购买　　　　　B．增购 X，减少 Y 的购买 　　C．减少 X 的购买，增购 Y　　D．同时增购 X 和 Y	

教学日志：本单元安排的现实问题具有综合性和理论性，教师依据各小组课前上传的解题方案，可以了解到各小组在课前进行了认真的学习讨论，解题方案能符合问题的要求。在课堂分享环节，各小组在边际效用、总效用的计算上不存在问题，但在分析"华女士如何做出消费最优选择"时，由于数据比较简单，学生大多是按照平时的经验推出的。

基数效用论的消费者均衡条件较为抽象，学生对知识的理解不够深入，不能清晰地阐述基数效用论的消费者均衡条件的使用情况，因此很难正确运用公式来分析。教师针对各小组的问题对消费者均衡条件进行详细的解答。在课堂教学过程中，大多数学生能积极参与课堂活动，但也有个别学生对课程内容不熟悉，没有进行及时的复习和预习，很难跟上课堂教学的节奏，教师对这些学生进行了单独指导。

表 19 微观经济学单元教学设计

单元名称	3-3无差异曲线	所属模块名称	3．消费者行为理论	学时	2
知识与能力	掌握无差异曲线；掌握边际替代率及其计算方法；理解边际替代率与边际效用的关系；掌握实现消费者均衡的条件；运用效用最大化原则，分析消费者的最优选择					
教学内容	无差异曲线的定义及特征；边际替代率；序数效用论的消费者均衡分析					
教学重点	无差异曲线的特征；边际替代率					
教学难点	序数效用论的消费者均衡分析					

教学过程	
教师活动	学生活动
1．课前预习 发布关于无差异曲线的学习任务： 假设华女士有 120 元用于购买苹果（用 X 表示）和杂志（用 Y 表示），苹果的价格为每斤 2 元，杂志的价格为每本 4 元，效用函数为 $U=5XY^2$。根据信息回答下列 3 个问题： （1）当效用水平 U 为 100 尤特尔时，写出苹果和杂志的各种可能的消费组合。 （2）华女士应购买多少苹果和杂志？ （3）华女士获得效用最大化时的总效用是多少？ 2．回顾前课 请学生复述边际效用及消费者均衡条件。 3．导入新课 面对不能赋予数值的产品和服务时，消费者应如何进行选择呢？引导学生思考。 4．梳理知识点 重点讲解无差异曲线、边际替代率、消费者均衡分析，如下图： 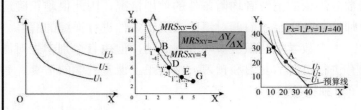 结论：无差异曲线与预算线相切时，消费者实现效用最大化的条件：	1．学生预习教材、课件、知识点视频；小组合作，制作现实问题的解决方案。 2．学生通过"学习通"平台参与抢答。 3．学生思考、分享自己的想法。 4．学生听讲、思考、做笔记。 5．分析华女士实现效用最大化的条件；各小组展示修改方案。 6．"学习通"平台的检测结果显示：课堂测试题的正确率分别为76%、54% 和 56%。

	7．绘制消费者均衡图，并写出均衡条件。
$I = P_xX + P_yY$（预算没有剩余） $MRS_{xy} = P_x/P_y$（主客观交换比率相等） 这与基数效用论并不矛盾。 $MRS_{xy} = MU_x/MU_y = P_x/P_y$ 5．小组研讨 教师引导各小组讨论关于华女士购买苹果和杂志的预算约束和偏好的 3 个问题。 6．课堂测试题 （1）无差异曲线的形状取决于（　　　）。 　A．消费者偏好　　　　　　　　B．消费者收入 　C．所购商品的价格　　　　　　D．商品效用水平的大小 （2）在同一条无差异曲线上，若增加 2 个单位 X 商品的购买，需要减少 2 个单位的 Y 商品的消费，则有（　　　）。 　A．MRSxy=1　　　　　　　　　B．MRSxy=1/2 　C．MRSxy =2　　　　　　　　　D．MUx/MUy=0 （3）关于消费者均衡的条件，以下哪条不是均衡条件？（　　　） 　A．无差异曲线与预算线相交　　B．MRSxy=Px/Py 　C．MUx/Px=MUy/Py　　　　　　D．MUx/MUy=Px/Py	

教学日志： 本单元课堂教学的知识点多，知识点之间的连贯性强，计算和图形较多，对学生的计算能力和空间想象能力要求较高。无差异曲线的知识点的学习还是比较容易的。从课堂测试题的结果可以看出，大部分学生能够掌握无差异曲线的基本概念和特征，但在边际替代率的计算和消费者均衡的条件的理解上存在困难，有近一半的学生答题错误。教师通过作图的方式，演示边际替代率的计算、递减规律、几何意义及其与边际效用之间的关系，结合图形详细分析了消费者均衡的条件，针对学生仍存在的问题，设计了加强知识理解和运用的练习题。

表 20　微观经济学单元教学设计

单元名称	4-1 生产函数及短期生产	所属模块名称	4．生产理论	学时	4
知识与能力	了解厂商生产的目标、短期和长期的概念、生产函数；复述总产量、平均产量和边际产量的定义，掌握这三种产量的计算方法；理解边际收益递减规律与平均产量和边际产量的关系；只有一种要素投入的合理区间；运用生产要素的最适组合原理分析经济现象；具有一定的作图分析能力				
教学内容	厂商；生产函数；短期生产				
教学重点	边际产量、平均产量与总产量的关系				
教学难点	生产三阶段的理解				

教学过程

教师活动	学生活动
1．课前预习 发布关于厂商短期生产的学习任务： 下表给出了如意农产品公司种植菠萝的短期生产数据。公司用劳动和资本来生产菠萝。根据信息完成下列 3 个问题： （见下表） （1）短期和长期有何区别？哪个投入品是固定投入，哪个是可变投入？请分析。画出如意农产品公司的总生产函数图，保持资本数量不变。在图中，用 X 轴表示劳动，用 Y 轴表示菠萝的数量。 （2）计算边际产量，并分析如意农产品公司的劳动用量与劳动的边际产量之间的关系。 （3）帮助公司老板分析应雇用多少劳动者。	1．预习教材、课件、知识点视频；小组合作，制作课件。 2．回忆并复述相关内容。 3．各小组演示对如意农产品公司生产菠萝产量分析的成果；小组互评。 4．学生听讲、思考、做笔记。 5．评估结果显示：课堂测试题的正确率分别为 38%、65% 和 85%。 6．绘制短期生产函数图，描述边际产量与平均产量、边际产量与总产量、平均产量与总产量的关系。

劳动的数量	资本的数量	菠萝的数量
0	10	0
1	10	50
2	10	80
3	10	100
4	10	115
5	10	125
6	10	133
7	10	138
8	10	135
9	10	130

续表

2．回顾前课 请学生回忆消费者如何进行商品组合的选择。 3．引入新课 思考我们吃的菠萝、面包、牛奶，乘坐的汽车及物流配送等各种商品和服务是如何生产出来的。 4．小组展示 听取各小组汇报课前已安排的关于如意农产品公司种植菠萝的3个问题；记录各小组的汇报情况。 5．教师点评 根据各小组汇报的情况进行点评，结合下图对短期生产的知识点进行梳理。 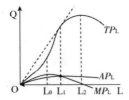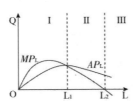 6．课堂测试题 （1）当总产量下降时（　　）。 　A．AP 为零　　　　　　B．AP 为负 　C．MP 小于或等于零　　D．AP 递减 （2）当 MP_L 为负时，我们处于（　　）。 　A．对 L 的 I 阶段　　　B．对 K 的Ⅲ阶段 　C．对 L 的Ⅱ阶段　　　D．上述都不是 （3）理性的生产者选择的生产区域应是（　　）。 　A．MP＞AP 阶段 　B．MP 下降阶段 　C．AP＞MP＞0 阶段 　D．MP 与 AP 相交之点起至 MP 与横轴交点止	

教学日志：课堂教学的每个环节按照单元设计进行，学习的主要内容是厂商和短期生产函数。各小组根据现实问题，进行单元知识的学习。课堂以成果演示的形式开展，各小组分享自己的解决方案。

各小组在上次的汇报后，对课件的制作熟悉了很多，课件的质量总体有所提高，语言表达比上次流畅，各小组代表也勇于积极表现。但由于企业的生产对学生来说较为生疏，学生不了解真实的情况，因此导致对生产要素以及边际报酬递减规律的理解不透彻，对单元知识点的实际应用有待提高。

表 21　微观经济学单元教学设计

单元名称	4-2 长期生产	所属模块名称	4. 生产理论	学时	2
知识与能力	了解等产量曲线、等成本线和边际技术替代率；计算边际技术替代率；理解边际技术替代率与边际产量的关系；理解生产要素的最优组合点；运用生产要素的最优组合原理分析某些经济现象				
教学内容	等产量曲线；等成本线；生产要素最优组合				
教学重点	等产量曲线；等成本线				
教学难点	生产要素最优组合				

教学过程	
教师活动	学生活动
1. 课前预习 发布关于厂商长期生产的学习任务： 已知如意农产品公司种植菠萝的生产函数为 $Q = 5L + 12K - 2L^2 - K^2$，$L$ 的价格 $P_L = 3$，K 的价格 $P_K = 6$，总成本 $TC = 160$。根据信息回答下列问题： （1）请同学们思考，如意农产品公司的生产是短期生产还是长期生产，请解释。 （2）写出如意农产品公司的等成本线。 （3）试分析该公司的最佳要素组合。 2. 回顾前课 发布关于边际产量与总产量的关系、边际产量与平均产量的关系、生产三阶段 3 个知识点的单选题。 3. 导入新课 如果如意农产品公司长期种植菠萝，它应如何投入生产要素呢？ 4. 梳理知识点 结合图形，与学生一起梳理等产量曲线、边际技术替代率、等成本线、最优要素投入组合等知识点。	1. 预习教材、课件、知识点视频；小组合作，制作现实问题的解决方案。 2. "学习通"平台进行答题。 3. 学生思考、分享看法。 4. 学生做简要的笔记，学习课程知识。 5. 小组修正方案，并组间进行交流。 6. 绘制成本既定条件下产量最大化的图形。

续表

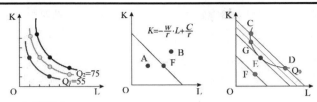

5．小组研讨

引导各小组再次讨论针对如意农产品公司长期种植菠萝设计的 3
个问题。

6．课堂测试题

（1）若生产函数为 $Q=100L^{0.4}K^{0.6}$，则 L 对 K 的边际技术替代率为
（　　）。

　A．2K/3L　　　B．3K/2L　　　C．2L/3K　　　D．3L/2K

（2）等成本线向外平行移动表明（　　）。

　A．产量提高了　　　　　　　　　B．成本增加了

　C．生产要素价格按相同的比例上升了　　D．以上都正确

（3）在生产者均衡点上，有（　　）。

　A．$MRTS_{LK}=P_L/P_K$　　　　　　　B．$MP_L/P_L=MP_K/P_K$

　C．等产量曲线与等成本曲线相切　　　D．以上都正确

7．单元小结（略）

8．课外作业（略）

教学日志： 在随堂检测环节，"学习通"平台的检测结果显示：课堂测试
题的正确率分别为 67%、71%和 42%。可以了解到本单元的学习内容较难，大
部分学生对生产要素的最优组合的条件没有理解。本单元知识点与序数效用论
的消费者均衡的学习方法相似，难度系数非常接近，图形信息量大，对学生的
逻辑思维能力要求较高，同时，也能说明学生对知识的迁移能力较弱。

　　课堂上主要采取小组讨论的方式进行学习。学习是以学生为主体的活
动，学生的听、作图、记忆、思考、体验等活动都是别人不可代替的。教师
可以抽选小组成员板书作图演示并讲解，适当的探讨和体验活动有利于学生
更深刻、更扎实地理解所学内容。小组探究活动有效地锻炼了学生对信息的
获取、筛选、加工的能力，以及沟通、组织、合作协调、语言表达和知识迁
移等能力。

表 22　微观经济学单元教学设计

单元名称	5-1 成本概念	所属模块名称	5. 成本理论	学时	2
知识与能力	记忆并区分机会成本、沉没成本、显性成本、隐性成本、经济利润和会计利润；运用成本理论对生活中的选择做出合理的决策				
教学内容	经济成本和会计成本；机会成本；显性成本和隐性成本；正常利润；会计利润和经济利润				
教学重点	机会成本；经济利润				
教学难点	隐性成本；正常利润				
教学过程					

教师活动	学生活动
1. 课前预习 发布学习任务： 李先生是一个计算机程序员，他在 2014 年的收入为 35000 元，但他在 2015 年辞去工作，开办了一个生产冲浪板的公司。在经营的第一年年末，他提供了以下信息给他的会计师： a. 他停止出租自己原有的场地（一年可收租金 3500 元），并将其作为工厂； b. 他一年支付 10000 元租用机器； c. 他支付 50000 元用于材料、电话和水电开支； d. 他支付 15000 元的工资； e. 他从银行账户上取出了 10000 元，银行每年支付这笔钱 5% 的利息； f. 他从银行贷款 40000 元，每年需向银行支付 10% 的利息； g. 他卖出了价值 160000 元的冲浪板； h. 公司一年的正常利润为 25000 元。 请利用这些信息回答下列问题： （1）计算李先生的显性成本和隐性成本。 （2）计算李先生的会计利润和经济利润。 （3）分别从会计师和经济师的角度分析李先生是否可以创业，并解释。 2. 回顾前课 复习生产要素最优组合投入，抽选学生作图演示。 3. 导入新课 展示两张图片，请学生思考。	1. 学生预习教材、课件、知识点视频；小组合作，设计现实问题的解决方案。 2. 学生在"学习通"平台上进行抢答，板书进行演示。 3. 分组讨论、分享。 4. 学生听讲、思考、做笔记。 5. 小组探究；小组成员展示修改方案。 6. 评估结果显示：课堂测试题的正确率分别为 56.5%、61% 和 65.2%。 7. 复述单元知识点。

续表

4. 梳理知识点

梳理经济成本和会计成本、显性成本和隐性成本、机会成本和沉没成本、经济利润、会计利润和正常利润等概念。

5. 小组研讨

引导各小组从会计师和经济师的角度，对李先生创业的可行性进行分析。

6. 课堂测试题

（1）上大学的机会成本不包括（　　）。

  A. 食宿费　　　　B. 学费

  C. 书费　　　　　D. 如果做兼职可能会得到的工资

（2）你在比赛中赢得 100 美元，可以选择花掉或者在利率为 5%的银行账户存一年。如果花掉，机会成本是（　　）。

  A. 100 美元　　　B. 5 美元

  C. 105 美元　　　D. 0 美元

（3）判断题：正常利润是超额利润的一部分。（　　）

教学日志： 本单元的学习内容是成本的概念，教师安排的现实问题较为简单，各小组能按照学习要求完成学习任务。在课堂上，各小组积极讨论仍存在的问题，分享学习成果，课堂学习氛围较好，学生的学习积极性较高。

从检测结果可以看出，一部分学生能区分会计成本、显性成本，但对机会成本、隐性成本和正常利润等概念理解得还不够深入，不能正确地加以运用。教师可以提供一些习题供学生思考和练习，加强学生对知识点的理解。

通过问题导向教学法，让学生在情境中自己去探索问题，总结新知识，并进行吸收和消化；能够培养学生自主学习的习惯、团队合作精神，提高学生运用知识的能力。

表23 微观经济学单元教学设计

单元名称	5-2短期成本	所属模块名称	5. 成本理论	学时	2
知识与能力	掌握成本的定义；理解各种成本之间的关系；能运用成本理论分析真实企业的各项成本，并做出合理的决策				
教学内容	短期成本；边际成本与平均成本的关系；边际成本与平均可变成本的关系；成本图形				
教学重点	7个成本的绘图和计算				
教学难点	7个成本图的关系				

教学过程	
教师活动	学生活动
1. 课前预习 发布关于厂商短期成本的学习任务： 下表给出了如意农产品公司的短期生产函数。公司只使用两种投入品（劳动和资本）来生产菠萝。劳动的价格是20元/小时，资本的价格是50元/单位。根据信息回答下列3个问题： table1 （1）用上面给出的信息完成下面关于如意农产品公司成本的表格，并分析该生产函数是否存在劳动边际收益递减的情况。 table2	1. 学生预习教材、课件、知识点视频；小组合作，制作现实问题的解决方案。 2. 学生回忆、听课。 3. 学生明确本节课的学习目标和教学内容，并深入思考。 4. 学生与教师一起探讨、思考、做笔记和板书演示。 5. 小组讨论公司生产所需的各种成本以及成本之间的关

table1:

劳动的数量	资本的数量	菠萝的数量
0	10	0
10	10	50
20	10	80
30	10	100
40	10	115
50	10	125
60	10	133
70	10	138
80	10	135
90	10	130

table2:

L	K	TP_L	FC	VC	AFC	AVC	ATC	TC	MC
0	10	0							
10	10	50							
20	10	110							
30	10	130							

续表

续表

L	K	TP_L	FC	VC	AFC	AVC	ATC	TC	MC
40	10	145							
50	10	155							
60	10	163							
70	10	168							
80	10	165							
90	10	160							

（2）画出公司的总成本、可变成本和固定成本图（用 Y 轴表示成本，用 X 轴表示菠萝的数量），并分析增加菠萝的数量会如何影响成本曲线的斜率。

（3）画出公司的 ATC、AVC、AFC 和 MC 曲线（用 Y 轴表示单位成本，用 X 轴表示菠萝的数量）。ATC、AVC 和 MC 曲线之间有何关系？

2．回顾前课

教师复述上节课的机会成本、隐性成本、正常利润等概念。

3．导入新课

展示如意农产品公司菠萝种植园的各种成本投入，引导学生思考。

4．梳理知识点

和学生一起梳理问题隐藏的知识点：7种成本的计算、各成本的图形及它们之间的关系；绘制总成本、可变成本和固定成本图，请学生画出相应的平均成本和边际成本图。

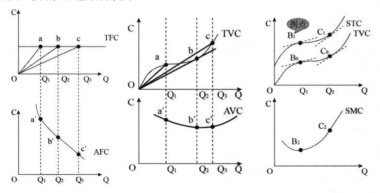

5．小组研讨

引导学生分组讨论针对如意农产品公司菠萝种植园的成本投入设计的 3 个问题。

系；小组成员展示修改方案。

6．"学习通"平台的检测结果显示：课堂测试题的正确率分别为 76.1%、43.5% 和 80.4%。

7．绘制短期成本的知识结构图，相互交流。

6. 课堂测试题
（1）判断题：短期边际成本的变动取决于可变成本的变动。（　　　）
（2）从原点出发与 TC 曲线相切的直线的斜率是（　　　）。
A．AC 的最低点　　　　　　B．等于 MC
C．是 AVC 与 AFC 之和　　 D．以上都成立
（3）边际成本低于平均成本时，（　　　）。
A．平均成本上升　　　　　　B．平均可变成本可能上升也可能下降
C．总成本下降　　　　　　　D．平均可变成本上升
7. 单元小结（略）
8. 课外作业（略）

教学日志：本单元的学习内容是短期成本，短期成本的 7 个成本概念较为简单，属于单项性问题。大多数学生能计算出这 7 个成本，但对 7 个成本图的理解较为困难，也很难绘制正确的图形。

在课堂教学过程中，教师分别板书画出总成本、可变成本和固定成本，分别在这 3 个成本图上找出 4 个特殊点，引导学生在对应的图下画出平均成本、平均可变成本、平均固定成本和边际成本图，并比较 4 个点对应的成本大小。同时，抽选小组代表板书进行作图演示。课堂上采取多样灵活的策略，鼓励学生积极参与，激发学生学习思考和探索知识的欲望，锻炼学生的作图、观察、逻辑思维以及语言表达能力。

表 24　微观经济学单元教学设计

单元名称	6-1 完全竞争市场	所属模块名称	6. 市场结构理论	学时	4
知识与能力	区分市场类型；掌握利润最大化的条件；理解完全竞争企业在短期和长期中的供给决策；能对厂商在短期制定供给决策进行分析；具有良好的人际交往能力				
教学内容	市场结构；完全竞争厂商的需求曲线和收益曲线；完全竞争厂商的短期均衡				
教学重点	完全竞争厂商的需求曲线和收益曲线；完全竞争厂商的短期均衡				
教学难点	完全竞争厂商的短期均衡				
教学过程					
教师活动				学生活动	

续表

1. 课前预习	1. 预习教材、课件、知识点视频；小组合作，制作现实问题的解决方案。

下表是郁金香种植行业的相关信息，美美公司属于完全竞争厂商。利用表中信息回答下列 4 个问题：

Q	TR	TC	AR	MR	MC	π＝TR－TC
0	0	15				
1	8	22				
2	16	27				
3	24	30				
4	32	32				
5	40	33				
6	48	34				
7	56	36				
8	64	39				
9	72	44				
10	80	51				
11	88	60				
12	96	76				
13	104	104				
14	112	144				

1. 预习教材、课件、知识点视频；小组合作，制作现实问题的解决方案。
2. 板书演示。
3. 小组思考、分享问题的解答思路。
4. 学生听讲、思考、做笔记。
5. 小组分析美美公司的决策；小组成员展示修改方案。
6. "学习通"平台的检测结果显示：课堂测试题的正确率分别为 64.7%、74.5%和 47.1%
7. 绘制知识结构图，相互交流。

（1）绘制美美公司所面临的需求曲线。

（2）计算平均收益和边际收益，并绘制平均收益曲线和边际收益曲线。计算边际成本，把表中的空白处填写完整。

（3）在利润最大化的产出水平上，美美公司的边际收益与边际成本是什么关系？解释这一关系的意义以及它与利润最大化的关系。

（4）分析完全竞争厂商美美公司短期如何进行决策。

2. 回顾前课

复习平均成本、平均可变成本和边际成本的图形。

3. 导入新课

请学生思考，美美公司可以自己定价出售其种植的郁金香吗？为什么？展示各小组的解题思路，选取小组分享。

4. 梳理知识点

市场结构类型、完全竞争厂商的需求曲线、利润最大化条件、完全竞争市场中厂商决策的依据等知识点。

5. 小组研讨 引导各小组讨论生产者决策的现实问题。 6. 课堂测试题 （1）以下比较接近完全竞争市场的情况是（　　）。 　A. 大米市场　　　B. 街头便利店 　C. 汽车市场　　　D. 自来水 （2）如果某个完全竞争厂商发现，在某个产出水平上，其产品的价格恰好等于最低的平均可变成本，则表明该产量（　　）。 　A. 大于利润最大化产量 　B. 小于利润最大化产量 　C. 等于利润最大化产量 　D. 与利润最大化产量的相对大小无法确认 （3）若一个完全竞争厂商在其短期利润最大化的产量点上，如果此时其平均收益小于平均成本，那么该厂商会选择（　　）。 　A. 停产 　B. 继续原有的生产 　C. 减少产量，但是不停产 　D. 可能停产，也可能继续原有的生产	

教学日志：本单元的学习内容是关于完全竞争市场的知识，单元的知识点多，单元设计时间是 180 分钟，设计的现实问题是综合性问题，隐含的知识点包括市场结构的分类、完全竞争市场的特征、完全竞争厂商的需求曲线和边际收益曲线、完全竞争厂商短期均衡分析等。一部分学生不能正确绘制平均成本、平均可变成本和边际成本图，这为本单元的学习增加了难度。

问题背后隐藏的知识点需要小组进行探究，通过在"学习通"平台上观看视频，才可能完成学习任务。从各小组上传的解题方案来看，只有两个小组基本上完成了 4 个问题。在课堂分享的过程中，学生不能很好地把握完全竞争市场的特征，大多数学生不知道如何分析完全竞争厂商的短期决策，不能运用利润最大化的条件，看不懂厂商决策的图解。

针对各小组存在的问题，教师采用与学生对话的授课方式，进行知识点的讲解。在课堂上，教师要根据学生的情况，采取多样化的教学手段；通过教学过程的互动性，关注每一名学生，激发学生探索新知识的欲望，缓解学生的畏难情绪。课堂教学的有效性主要在于教师的因材施教和合理设计。

表 25　微观经济学单元教学设计

单元名称	6-2 完全垄断	所属模块名称	6．市场结构理论	学时	4
知识与能力	掌握完全垄断的定义；分析完全垄断产生的原因；掌握垄断企业如何进行最优供给决策、价格歧视如何增加利润；对垄断厂商制定供给决策进行分析				
教学内容	垄断形成的原因；垄断厂商的需求曲线和收益曲线；垄断厂商的短期均衡				
教学重点	垄断厂商的需求曲线和收益曲线				
教学难点	垄断厂商的短期均衡				

教学过程

教师活动	学生活动
1．课前预习 发布关于垄断厂商决策的学习任务： 下表是米尼矿泉水垄断企业的市场需求表。利用表中信息回答下列 4 个问题： （表格见下） （1）画出该垄断企业的市场需求曲线，并计算每一价格水平下的企业总收益和边际收益，并绘制边际收益曲线。 （2）写出该垄断企业的市场需求曲线和边际收益曲线方程，比较这两个方程。这两个方程的纵截距有何关系？需求曲线的斜率和 MR 曲线的斜率有何关系？ （3）如果该垄断企业的边际成本固定，为 200 美元，该垄断企业的利润最大化产出水平是多少？该垄断企业对产品的定价是多少？在图中标注出来。	1．预习教材、课件、知识点视频；小组合作，制作现实问题的解决方案。 2．学生在草稿纸上作图。 3．学生思考、发言。 4．学生观看、分享观点。 5．学生思考、讨论、发言、做笔记。 6．小组分析自来水公司的决策；小组成员展示修改方案。 7．"学习通"平

P	Q	TR	AR	MR	MC
1000	0				
800	200				
600	400				
400	600				
200	800				
0	1000				

（4）在（1）题图中，用阴影标注消费者剩余、生产者剩余以及垄断的无谓损失，并计算消费者剩余、生产者剩余以及垄断的无谓损失。 2．回顾前课 请学生绘制完全竞争厂商的短期决策图。 3．导入新课 如果上一单元的美美公司是一家垄断厂商呢？该公司如何进行决策呢？引导学生思考。 4．展示问题 展示各小组已上传的解题方案。 5．梳理知识点 逐步引导学生学习垄断产生的原因、垄断市场的特征、需求曲线、边际收益曲线，以及垄断厂商的决策分析等知识点。 6．小组研讨 指导各小组修改完全垄断企业自来水公司决策的问题；教师巡回察看、指导。 7．课堂测试题 （1）对完全垄断厂商来说，（　　　）。 　A．提高价格一定能够增加收益 　B．降低价格一定会减少收益 　C．提高价格未必能增加收益，降低价格未必减少收益 　D．以上都不对 （2）一个垄断企业所要面临的一条需求曲线中，平均收益曲线与边际收益曲线之间的关系是（　　　）。 　A．两者的斜率是相同的 　B．两者的斜率不存在内在的联系 　C．前者的斜率是后者的两倍 　D．后者的斜率是前者的两倍 （3）在短期内，可能会令垄断企业选择停产的情况是（　　　）。 　A．平均可变成本曲线位于需求曲线上方 　B．平均成本曲线位于需求曲线上方 　C．边际成本曲线位于需求曲线上方 　D．边际成本为负	台的检测结果显示：课堂测试题的正确率分别为 64.%、73.9% 和 30.4%。 8．绘制垄断厂商短期决策图。

教学日志：教师发现学生在绘制完全竞争厂商短期决策图时仍存在问

题，学生没有深入理解绘制决策图的三步法：第一，先画出需求曲线和边际收益曲线；第二，画出平均成本、平均可变成本和边际成本曲线；第三，找出边际成本等于边际收益的交点，再找出均衡点对应的价格和平均成本、平均可变成本，根据利润＝总收益－总成本的公式，分析企业的盈亏情况。因此，学生在学习垄断市场时，对垄断厂商的决策分析仍存在困难，从随堂检测环节可以看出，决策分析的单选题的正确率仅为30.4%。

在后续教学环节中，教师要着重引导学生绘制决策图，对各种厂商进行决策分析。小组讨论的学习方式，培养了学生自主学习的习惯，激发了学生探索新知识的欲望，提高了学生的逻辑思维能力，基本上达到了单元教学目标。

表26 微观经济学单元教学设计

单元名称	7-1 生产要素市场	所属模块名称	7. 生产要素理论	学时	2
知识与能力	计算边际产品价值；理解边际产品价值如何决定生产要素需求；运用要素价格决定理论分析工资率的决定；掌握影响劳动力市场就业的因素				
教学内容	边际产品价值；生产要素的使用原则				
教学重点	边际产品价值				
教学难点	生产要素的使用原则				

教学过程	
教师活动	学生活动
1. 课前预习 发布关于完全竞争厂商冰沙公司如何决定劳动者工资的学习任务： 下表是完全竞争厂商冰沙公司的总产量表。每份冰沙的价格是4元。劳动力市场也是具有竞争性的，工资率是40元/天。根据这些信息回答以下4个问题： 表格： 工人数 / 冰沙份数/天 1 / 7 2 / 21 3 / 33	1. 预习教材、课件、知识点视频；小组合作，制作现实问题的解决方案。 2. 学生回答问题。 3. 各小组课堂演示对冰沙公司雇用工人情况的分析；小组互评。

续表

工人数	冰沙份数/天
4	43
5	51
6	55
7	58
8	55

4．听讲，思考，做简要的笔记，学习课程知识。

5．提问，记录教师的解答。

6．绘制边际产品价值曲线，描述生产要素价格决定的原则。

（1）计算雇用第 4 名工人的边际产量以及第 4 名工人的边际产品价值。

（2）公司将会雇用多少名工人以实现利润最大化？公司一天生产多少份冰沙？

（3）如果冰沙的价格上涨到每份 5 元，公司将会雇用多少名工人？

（4）公司购置了一台新设备，使得工人的生产率提高了 50%。如果每份冰沙的价格仍是 4 元，而工资率上升至每天 48 元，公司将会雇用多少名工人？

2．回顾前课

回忆垄断产生的原因、垄断市场的特征。

3．小组展示

听取各小组汇报课前已安排的关于冰沙公司雇用工人的 4 个问题；记录各小组的汇报情况。

4．教师点评

根据各小组的汇报情况，进行点评，并对重点和难点进行讲解。

5．小组提问

解答学生仍然存在的疑惑。

教学日志：本单元的学习内容是关于生产要素价格决定理论的知识。教师设计的现实问题具有综合性，但问题的分析较为简单。教师提前把知识点分成几个，分别安排给各小组，在课堂上，各小组代表进行演示；其他小组进行评分。各小组能按照学习要求完成学习任务。

在这一次课堂演示过程中，各组的 PPT 制作得比前一次有所改进，字号较适中，能结合课程知识点进行演示，各小组代表的语言表达能力有明显的进步，自信心得到了较大的提高，能与其他学生进行眼神交流。采取小组汇报的方式进行学习，能很好地培养学生的团队协作能力；小组分享能提高学生的逻辑思维能力和语言表达能力；对于现实问题的探究，能激发学生的学习兴趣。学生能很好地达成教学目标。

表 27　微观经济学单元教学设计

单元名称	7-2 收入分配不公平与贫困	所属模块名称	7. 生产要素理论	学时	2
知识与能力	绘制洛伦茨曲线图；计算基尼系数；描述经济不平等及贫困的现象；解释经济不平等及贫困产生的原因；具有运用基尼系数分析收入差距的能力；分析再分配对经济不平等及贫困的影响				
教学内容	洛伦茨曲线；基尼系数；导致贫困的原因及解决措施				
教学重点	洛伦茨曲线；基尼系数				
教学难点	导致贫困的原因及解决措施				

教学过程	
教师活动	**学生活动**
1. 课前预习 发放广州市城市居民人均可支配收入的学习任务。 下表是 2017—2020 年广州市城市居民人均可支配收入情况，根据下表回答以下问题： **按收入五等份分组的城市居民人均可支配收入（单位：元）** | 年份	低收入户	中等偏下收入户	中等收入户	中等偏上收入户	高收入户 | |---|---|---|---|---|---|
2017	29837.0	44443.1	54694.9	68207.5	98523.6
2018	31602.7	47658.7	60527.9	74971.7	103984.4
2019	34134.1	51195.0	65781.68	80842.0	113488.5
2020	36040.5	52754.27	69870.14	85483.4	117161.9 | （1）4 年中，高收入户与低收入户的人均可支配收入发生了怎样的变化？ （2）收入不平等用哪些指标衡量？ （3）分析导致收入差距的原因以及解决的措施。	1. 预习教材、课件、知识点视频；小组合作，制作现实问题的解决方案。 2. 回答问题。 3. 思考、小组分享。 4. 听讲，思考，做笔记。 5. 小组讨论，展示修改方案。 6. 检测结果显示：课堂测试题的正确率分别为 88.7%、92.5%

续表

2．回顾前课 回忆完全竞争市场中生产要素价格是如何决定的。 3．导入新课 展示发达地区和贫困地区的日常生活图片，请学生思考产生收入差距的原因。 4．梳理知识点 与学生一起梳理知识点：洛伦茨曲线图、贫困的定义及衡量、不平等及贫困产生的原因等。 5．小组研讨 引导学生分组讨论现实问题的解决方案，教师巡回指导。 6．课堂测试题 （1）下图是洛伦兹曲线图，横轴为家庭累积百分比，纵轴为收入累积百分比。收入分配最不平等的洛伦兹曲线是（　　）。 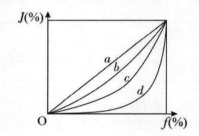 　A．a　　　B．b　　C．c　　　D．d （2）根据微观经济学的观点，以下能够保证收入再分配过程不会恶化的是（　　）。 A．良好的具体分配方式和政府监督激励 B．良好的具体分配方式和市场完全自由 C．良好的抽象分配原则和市场完全自由 D．良好的抽象分配原则和政府监督激励 （3）从收入不平等的角度来看，影响收入分配的因素有（　　）。 A．性别　　B．种族　　C．教育　　D．以上都是 7．单元小结（略） 8．课外作业（略）	和75.1%。 7．解释经济不平等及贫困是如何产生的和政府是如何再分配收入的。

教学日志：教师根据学习目标链接广州市统计局网站，给学生展示近几年广州市城镇居民的可支配收入数据，并设计有关收入分配的经济问题，让各小组进行讨论，然后选取小组分享。在分享的过程中，各小组结合现实问题，学习单元知识点，教师记录各组出现的问题，对典型的知识点理解错误进行讲解，对学生的问题进行答疑。

本单元涉及的知识点较为简单，大多数学生能描述洛伦茨曲线，计算基尼系数，能根据数据对贫困程度进行判断，分析产生贫富差距的原因。

表 28　微观经济学单元教学设计

单元名称	外部性	所属模块名称	市场失灵与微观经济政策	学时	2
知识与能力	了解外部性的定义；区分正外部性和负外部性；解释负外部性带来无效率的产出，而产权和政府行为能带来更有效率的产出				
教学内容	外部性与分类；外部性最优数量的决定；解决负外部性的措施				
教学重点	外部性；解决负外部性的措施				
教学难点	存在外部性时最优数量的决定				
教学过程					
教师活动			学生活动		
1．课前预习 发布关于外部性问题的学习任务： 广州白云国际机场飞机起落会产生噪音，影响附近居民的生活。假设生活在广州白云国际机场附近的居民对安静的评价是 30 亿元人民币（假设交易成本为零）。 （1）如果机场使飞机减少噪音的成本是 40 亿元人民币，那么政府规定飞机必须降低噪音是有效率的吗？为什么？ （2）如果机场使飞机减少噪音的成本是 20 亿元人民币，那么政府规定飞机必须降低噪音是有效率的吗？为什么？ （3）假设人们有权要求安静，如果机场使飞机减少噪音的成本是 20 亿元人民币，私人解决这个问题的方法是什么？ （4）假设机场有权想制造多少噪音就可以制造多少噪音，且机场使飞机减少噪音的成本是 20 亿元人民币，私人解决这个问题的方法是什么？ 2．回顾前课 复习贫困程度的判定。			1．了解学习任务，预习教材、课件、知识点视频；小组合作制作方案。 2．发言。 3．思考。 4．小组分享讨论成果。 5．学生听讲，做简要的笔记，学习课程知识。 6．小组讨论，展示修改方案。 7．通过"学习通"平台评分。		

3．引入新课 用几张图片展示产生外部性的经济行为，引导学生思考。 4．展示问题 展示各小组上传的解决问题的方案。 5．梳理知识点 举例说明外部性的分类，图示外部性条件下的资源最优配置，梳理针对外部性的微观政策。 6．小组研讨 引导学生分组讨论现实问题的解决方案，教师巡回指导。 7．课堂测试题 （1）某人的吸烟行为对其他人的影响属于（　　）。 　A．正消费外部性　　　　　B．正生产外部性 　C．负消费外部性　　　　　D．负生产外部性 （2）某项生产活动存在负外部性时，其产量（　　）。 　A．大于帕累托最优产量　　B．小于帕累托最优产量 　C．等于帕累托最优产量　　D．以上三种情况都有可能 （3）解决负外部性可采取以下哪种方法？（　　） 　A．征税的方法　　　　　　B．产权界定的方法 　C．将外部性内在化的方法　D．以上方法都行	8．绘制外部性条件下资源最优配置图。

教学日志：本单元安排的现实问题是单项性问题，课堂的每个环节按照单元设计进行，学生能按照学习要求完成学习任务，能积极参与课堂活动，敢于发言。由于外部性问题在现实生活中较为常见，学生能较为轻松地理解经济理论知识。

学生能够正确区分外部性的类型，但绘制外部性最优配置图时遇到了困难，对解决负外部性的措施理解也有些不足。从随堂检测环节可以看出，各小题的正确率分别为 85%、45% 和 61%。教师针对各小组的问题进行答疑，与学生一起梳理单元知识点。本节课达到了教学的要求，基本实现了教学目标。

表 29　微观经济学单元教学设计

单元名称	公共品	所属模块名称	市场失灵与微观经济政策	学时	2
知识与能力	区分私人产品、公共品和公共资源；解释公共供给如何带来有效率的公共品数量，并克服"搭便车"问题				
教学内容	物品的分类；公共品的特征；解决公共品造成的市场失灵的措施				
教学重点	物品的分类；公共品和公共资源的特征				
教学难点	解决公共品造成的市场失灵的措施				

教学过程	
教师活动	学生活动
1．课前预习 发布关于公共品的学习任务： 广州市儿童公园是广州市委、市政府倾心打造的 13 个儿童公园中，唯一的一个市级儿童公园，位于白云新城齐心路板块，总占地面积约 31.88 万平方米（现约 26 万平方米），于 2014 年正式向公众开放，乘坐地铁 2 号线可直达（白云公园地铁站）。公园分区分片安排游乐设施，以"自然生态、科普文化、亲子交流、体验参与"为主题，设置了海洋雕塑广场、沙滩乐园、感知乐园、梦境奇园、车模乐园、儿童绿道、游戏岛、戏水乐园、消防体验馆、科普屋等 20 多个各具特色的游乐区域。 （1）请分析广州市儿童公园是公共品的特征。 （2）请分别讨论公共品私人提供和私人产品公共提供对效率可能产生的影响。 2．回顾前课 复习外部性的影响。 3．引入新课 根据各小组完成现实问题的情况，引导学生思考。 4．梳理知识点 公共品的特征、公共品的最优数量、分析公共品所产生的市场失灵情况、针对市场失灵情况提出解决措施。 5．小组研讨 引导学生分组讨论现实问题的解决方案，教师巡回指导。 6．单元小结（略） 7．课外作业（略）	1．预习教材，小组合作提出解决现实问题的方案。 2．回答问题。 3．小组研讨、分享。 4．听讲，做简要的笔记，学习课程知识。 5．小组讨论，展示修改方案。 6．区分公共品和公共资源，绘图解释公共品有效率的数量。

教学日志： 本单元安排的关于公共品的现实问题是单项性问题，隐含的知识点较少。在课堂上，每个环节都按照单元设计进行，各小组能按照学习要求完成学习任务，能积极分享学习成果，参与课堂互动活动。

由于公共品在现实生活中处处可见，学生理解起来较为容易，但对解决公共品带来的"搭便车"行为，还不能提出创新的建议。教师针对各小组的问题进行答疑，对关于公共品由政府提供进行了详细讲解。本节课达到了教学的要求，实现了教学目标。

第三节　基于问题导向的宏观经济学课程设计

一、宏观经济学课程描述

宏观经济学课程主要学习宏观经济研究的问题、宏观经济的度量、简单国民收入决定理论、货币与银行理论、产品市场和货币市场均衡理论、总需求—总供给理论、宏观经济政策、长期经济增长，以及开放经济的宏观经济理论等。完成本课程学习后，学生能对宏观经济学理论体系有比较全面的认知，并具备分析宏观经济数据、对问题做出诊断、解读宏观经济政策和预测未来经济发展趋势的能力。培养学生敏锐的市场观察意识和认真负责的工作态度，有利于为货币银行学、国际金融、国际贸易等专业核心课程的学习，以及企业生产实习、毕业设计等打下经济学理论基础。

二、宏观经济学课程的目标

（一）宏观经济学的总体目标

1. 知识目标

记忆宏观经济学的基本概念，理解宏观经济学的基本理论，基于宏观经济模型解读宏观经济政策，分析宏观经济问题，并对宏观经济的发展趋势进行预测。

2．能力目标

熟练地运用经济学方法，构建经济模型，分析我国宏观经济问题和事件；增强对真实世界的解释能力；提高经济、管理和社会决策的能力；具有一定的批判性思维和数理逻辑推理能力；具有良好的人际交往能力。

3．素质目标

通过挖掘课程思政元素，结合经济学理论知识的教学，坚定中国特色社会主义道路自信、理论自信、制度自信、文化自信；培养学生理性的经济学思维方式、良好的心理素质和职业道德修养、敏锐的市场洞察力、实事求是的工作态度、团队协作精神和勇于创新的职业精神；帮助学生养成良好的自主学习的习惯；培养具有经济意识、经济知识、经济道德等素质的时代新人（下文重点叙述知识目标和能力目标两项）。

（二）课程目标和单元目标

在宏观经济学的课程目标和单元目标中，需要明确课程目标与专业目标的相关性（详见表 30），以及教学模块目标和单元目标的划分（详见表 31）。

表 30　宏观经济学课程目标与专业目标的相关性

课程总体目标	相关性
记忆宏观经济学的基本概念，理解宏观经济学的基本理论，基于宏观经济模型解读宏观经济政策，分析宏观经济问题，并对宏观经济的发展趋势进行预测	A
能够较熟练地运用经济学方法，构建经济模型，分析我国宏观经济问题和事件；增强对真实世界的解释能力；提高经济、管理和社会决策的能力；具有一定的批判性思维和数理逻辑推理能力；具有良好的人际交往能力	A、B

续表

课程总体目标	相关性
通过挖掘课程思政元素，结合经济学理论知识的教学，坚定中国特色社会主义道路自信、理论自信、制度自信、文化自信；培养学生理性的经济学思维方式、良好的心理素质和职业道德修养、敏锐的市场洞察力、实事求是的工作态度、团队协作精神和勇于创新的职业精神；帮助学生养成良好的自主学习的习惯；培养具有经济意识、经济知识、经济道德等素质的时代新人	C、D

专业目标	
A	具备经济学、国际经济与贸易专业的基础知识、理论和方法；熟悉国际贸易规则，认识和把握国内外经济、贸易的运行机制和发展规律
B	能综合运用国际经济与贸易专业的基础理论和专业知识，将所学的基础理论和专业知识融会贯通；具有从事国际贸易、国际货物运输、进出口企业结算等实际工作的能力，能独立分析和解决国际经济与贸易领域的实际问题
C	具有科学的世界观、正确的人生观、良好的职业道德和创新精神；具备跨学科理解、学习和沟通的能力；能够创造性地解决国际经济与贸易问题，能适应多文化团队合作，能够在工作环境中有效地沟通和交流
D	具有自主学习和终身学习的意识和能力；能够适应技术、经济与社会的持续发展，适应不断变化的经济贸易环境

表 31　宏观经济学教学模块目标和单元目标

模块名称	模块目标	单元名称	单元目标
认识宏观经济学	**知识目标**：理解衡量国民经济的三种重要指标（GDP、CPI、失业率）的概念；掌握国民经济变量之间的关系；掌握国民经济核算的几个恒等式；能够对社会总支出中的消费、投资、政府购买、净出口进行分类 **能力目标**：学会利用数据计算三种指标；能够使用CPI 指标计算通货膨胀率、实际利率、不同时期的收入；分析中国、美国政府预算赤字、国际收支失衡的原因	宏观经济学概述	**知识目标**：了解宏观经济学的产生；描述宏观经济学研究的核心问题及其特征；理解宏观经济政策的目标和工具；区分微观经济学和宏观经济学 **能力目标**：具有一定的分析宏观经济政策的能力
		国内生产总值及其衡量	**知识目标**：理解一个经济体的总收入等于其总支出；定义和计算国内生产总值（GDP）；描述GDP 的四个主要组成部分；区分名义 GDP 和实际 GDP；计算GDP 平减指数；解释 GDP 作为生活水平衡量指标的局限性 **能力目标**：具备核算一国 GDP 的能力；具备一定的语言表达能力
		通货膨胀与失业	**知识目标**：阐述如何度量失业和通货膨胀；编制消费价格指数（CPI）；描述衡量失业率的数据 **能力目标**：具备计算一国 CPI、通货膨胀率及失业率的能力；运用基本概念分析它们对经济的影响能力

模块名称	模块目标	单元名称	单元目标
简单国民收入决定理论（NI-AE模型）	**知识目标**：掌握凯恩斯消费函数的基本形式，说明边际消费倾向（MPC）的含义与计算公式；了解其他消费理论的内容和观点；理解资本边际效率、投资需求曲线的含义；记忆总支出（AE）的函数表达式以及图形表示；学会利用45度线说明均衡国民收入的形成过程 **能力目标**：学会使用NI-AE模型解释扩张和紧缩性财政政策对一国产出、就业等指标的影响；评价NI-AE模型的优点和不足之处	消费与储蓄	**知识目标**：理解凯恩斯消费函数的含义、函数形式、边际消费倾向的内容；能够解释边际消费倾向递减的原因；学会根据消费函数推导出储蓄函数 **能力目标**：具有运用图形表示消费曲线与储蓄曲线的能力
		投资	**知识目标**：理解资本边际效率的含义；区分投资支出的类型；列举并解释影响投资的因素；推论出投资需求函数 **能力目标**：具备一定的作图能力；运用资本边际效率递减规律，解释我国当前投资变动的原因
		NI-AE模型	**知识目标**：理解两部门和三部门经济中总支出（AE）的函数表达式和图形表示；能够解释均衡国民收入的决定过程；比较政府购买支出和政府转移支付对国民经济的不同影响；能够解释"节俭悖论" **能力目标**：能够评价简单国民收入决定理论（NI-AE模型）的前提、适用条件和缺陷

模块名称	模块目标	单元名称	单元目标
货币、银行和货币政策	**知识目标**：定义货币，并描述其职能；解释银行是如何创造货币的；复述中央银行的职能，解释中央银行是如何控制货币供给量的；描述货币政策的目标和工具 **能力目标**：具备一定的计算能力；能运用货币政策工具解释宏观经济政策对经济的影响	货币与银行理论	**知识目标**：解释货币的含义；举出历史上出现的各种形式的货币例子；记住货币的三种主要职能；理解货币存量的构成（M1，M2）；解释准备金的含义；根据部分准备金银行制度说明货币创造的过程；概述影响货币乘数大小的因素 **能力目标**：能够计算货币乘数
		货币政策的目标与工具	**知识目标**：复述中央银行的职能，解释中央银行是如何控制货币供给量的；描述货币政策的目标与工具 **能力目标**：能够运用货币政策工具解释宏观经济政策对经济的影响
IS-LM模型分析	**知识目标**：复述 IS 曲线，并解释其意义；解释影响 IS 曲线移动的因素；复述 LM 曲线，并解释其意义；解释影响 LM 曲线移动的因素；计算产品市场和货币市场均衡时的利率和总产出水平；解释非均衡点的意义 **能力目标**：运用 IS-LM 模型分析简单的宏观经济问题，并进行经济预测	产品市场均衡：IS 曲线	**知识目标**：复述 IS 曲线，并解释其意义；解释影响 IS 曲线移动的因素 **能力目标**：具备一定的作图分析能力；能够分析政府的财政政策对总产出的影响
		货币市场均衡：LM 曲线	**知识目标**：复述 LM 曲线，并解释其意义；解释影响 LM 曲线移动的因素 **能力目标**：具备一定的作图分析能力；能够分析货币政策对总产出的影响
		IS-LM模型	**知识目标**：计算产品市场和货币市场均衡时的利率和总产出水平 **能力目标**：能够分析 IS 曲线和 LM 曲线移动时对均衡点的影响

模块名称	模块目标	单元名称	单元目标
总需求和总供给分析	**知识目标**：理解总需求曲线的定义、推导和影响其移动的因素；理解短期总生产函数和曲线，劳动力市场的供求与市场均衡 **能力目标**：运用 AD-AS 模型分析宏观财政政策、货币政策的影响	总需求	**知识目标**：推导总需求曲线；解释影响总需求曲线移动的因素 **能力目标**：具备一定的作图和计算能力
		总供给	**知识目标**：区分长期总供给曲线和短期总供给曲线；解释影响总供给曲线移动的因素 **能力目标**：具备一定的作图分析能力
		总需求和总供给均衡	**知识目标**：解释总需求和总供给的波动如何影响经济周期；理解如何实现充分就业 **能力目标**：能够运用 AD-AS 模型解释现实事件对经济的影响
宏观经济政策实践	**知识目标**：描述宏观财政政策的内容；解释经济效应 **能力目标**：利用 IS-LM 模型分析宏观货币政策、财政政策的作用方式、对宏观经济变量的影响、可能引起的后果	IS-LM 模型中的财政和货币政策效力	**知识目标**：解释货币政策和财政政策的调整如何影响利率与总产出的均衡水平 **能力目标**：具备运用 IS-LM 模型对经济形势做出预测的能力
通货膨胀和失业	**知识目标**：阐述通货膨胀和失业的类型；解释通货膨胀的原因；理解菲利普斯曲线以及通货膨胀与失业之间的短期替代关系 **能力目标**：运用基本理论分析经济形势；具备提出有效解决问题的方案的能力	通货膨胀和失业	**知识目标**：阐述通货膨胀和失业的类型；解释通货膨胀的原因；理解菲利普斯曲线以及通货膨胀与失业之间的短期替代关系 **能力目标**：运用基本理论分析经济形势；具备提出有效解决问题的方案的能力

模块名称	模块目标	单元名称	单元目标
经济增长	**知识目标**：解释经济增长的含义；概述实现经济增长的原因以及各自发挥的作用；说明经济增长与经济发展的关系及政策主张 **能力目标**：具备一定的评价各国经济水平的能力	经济增长	**知识目标**：解释经济增长的含义；概述实现经济增长的原因以及各自发挥的作用；说明经济增长与经济发展的关系及政策主张 **能力目标**：具备一定的评价各国经济水平的能力
开放经济的宏观经济学	**知识目标**：描述一个国家的国际收支账户平衡表，并且解释国际借贷的数量的决定因素；解释汇率的决定因素以及它的波动原因 **能力目标**：具备一定的分析图表的能力	国际收支与汇率	**知识目标**：描述一个国家的国际收支账户平衡表，并且解释国际借贷的数量的决定因素；解释汇率的决定因素以及它的波动原因 **能力目标**：具备一定的分析图表的能力

三、宏观经济学课程知识地图

表32　宏观经济学课程知识地图

模块名称	单元名称	知识点
认识宏观经济学	宏观经济学概述	宏观经济学研究的主要问题、宏观经济学的目标和工具、宏观经济学的基本框架及其研究方法、宏观经济学的产生
	国内生产总值及其衡量	GDP 的定义、GDP 的核算方法、名义 GDP 和实际 GDP、GDP 紧缩指数、GDP 和 GNP、GDP 的局限性
	通货膨胀与失业	失业的定义、失业率的计算、失业的类型、CPI 的定义、编制并计算 CPI、计算通货膨胀率、CPI 的不完美性

模块名称	单元名称	知识点
简单国民收入决定理论（NI-AE 模型）	消费与储蓄	消费支出、消费支出的决定因素、消费函数、边际消费倾向和平均消费倾向、边际消费倾向递减规律、消费曲线、消费函数与储蓄函数的关系
	投资	资本边际效率、资本边际效率递减规律、投资的决定因素、投资函数、投资需求曲线、投资需求曲线的移动
	NI-AE 模型	计算总支出和实际 GDP、收支均衡分析、均衡产出的计算、乘数模型、投资支出乘数、政府购买乘数、税收和转移支付乘数、政府平衡预算乘数
货币、银行和货币政策	货币和银行理论	货币的定义、货币的职能、货币供给的构成、部分准备金制度、法定准备金、超额准备金、银行资产负债表、多倍存款的创造过程
	货币政策的目标和工具	中央银行的职能、中央银行的资产负债表、货币政策的最终目标、货币政策工具、联邦基金利率、法定准备金要求、公开市场业务、再贴现政策
IS-LM 模型分析	产品市场均衡：IS 曲线	投资支出函数、投资与储蓄的关系分析、产品市场均衡分析、IS 的定义、IS 曲线的推导、IS 曲线的意义、导致 IS 曲线位移的因素
	货币市场均衡：LM 曲线	货币需求的动机、货币需求函数、货币供给、流动性偏好理论、LM 的定义、LM 曲线的推导、LM 曲线的意义、导致 LM 曲线位移的因素
	IS-LM 模型	均衡产出和均衡利率的计算、均衡点的变动
总需求和总供给	总需求	总需求曲线的定义、总需求曲线的推导、引起总需求曲线位移的因素
	总供给	长期总供给曲线、短期总供给曲线、引起短期总供给曲线位移的因素

模块名称	单元名称	知识点
总需求和总供给	总需求和总供给均衡分析	均衡产出和价格水平的计算、短期宏观经济均衡、总需求曲线的移动、短期效应、长期宏观经济均衡、短期总供给曲线的移动
宏观经济政策实践	IS-LM 模型中的财政和货币政策的效力	财政政策对 IS-LM 模型的影响、货币政策对 IS-LM 模型的影响、财政政策和货币政策的有效性比较、挤出效应、长期的 IS-LM 模型
通货膨胀和失业	通货膨胀和失业	通货膨胀的定义、通货膨胀的度量、通货膨胀的类型、通货膨胀的原因、通货膨胀的经济影响、失业的影响、菲利普斯曲线
经济增长	经济增长	实际 GDP、增长率、长期增长的源泉
开放经济的宏观经济学	国际收支与汇率	国际收支账户、经常账户余额、金融账户、外汇汇率、外汇市场、贸易行情变动对汇率的影响、购买力平价和汇率

四、宏观经济学基本知识库

表 33 宏观经济学基本知识库

基本概念	基本原理	基本方法和部分公式
宏观经济学、总量分析、GDP、GNP、名义 GDP 和实际 GDP、GDP 紧缩指数、潜在 GDP、CPI、通货膨胀和通货紧缩、失业率、就业率	宏观经济学研究的两大基本问题、国民收入和产品账户、循环流量图	经济学的思维方式、总量分析；$GDP=C+I+G+NX$ $NDP=GDP-折旧$ $I=S$
自发性消费、消费函数、边际消费倾向、平均消费倾向、储蓄函数、边际储蓄倾向和平均储蓄倾向、投资支出、投资函数、资本的边际效率	边际倾向递减规律、资本边际效率递减规律、有效需求决定理论、凯恩斯交叉图、乘数原理	$C=a+by_d$ $I=e-dr$ $NI=AE=Y$

基本概念	基本原理	基本方法和部分公式
货币、货币供给量、准备金、法定准备金、超额准备金、基础货币、货币乘数、货币政策、公开市场业务、再贴现率	多倍存款的创造过程、货币政策的传导机制	$M_1=C+D$ $MB=C+R$ $M_1=m \cdot MB$
IS 曲线、货币需求、流动性偏好、利率、LM 曲线	流动性偏好理论、IS 曲线的意义、LM 曲线的意义、IS-LM 模型的均衡分析	IS：$r=[（a+e）/d]-[（1-b）/d]y$ LM：$r=ky/h-m/h$
总需求、总供给、需求冲击、供给冲击、宏观经济均衡和非均衡	AD-AS 模型均衡分析	$AD=AS$
财政政策、政府购买支出、政府转移支付、预算盈余、预算赤字、自动稳定器、相机抉择、挤出效应	财政政策和货币政策对均衡利率和均衡产出的影响	政府收入－政府支出=政府结余 $IS=LM$
通货膨胀、通货膨胀率、摩擦性失业、结构性失业、周期性失业	通货膨胀的类型及其原因、通货膨胀的影响、失业的影响	通货膨胀率=[（本期价格指数－上期价格指数）/上期价格指数]$\times100\%$ 失业率=失业人数/（就业人数＋失业人数）$\times100\%$
经济增长、劳动力、自然资源、资本、总生产函数、资本—劳动比率	新古典经济增长模型	n 年数据的增长率=[(本期/前 n 年)^（1/(n-1)）-1]$\times100\%$ $\Delta k=sy-(n+\delta)k$
净出口、经常账户、金融账户、外汇汇率、升值和贬值	净出口、国际收支平衡表	$NX=X-M$ 经常账户＋金融账户=I+II=0

五、学习活动的名称与设计

产出、就业、金融环境和价格的短期波动，以及产出和生活水平的长期变动趋势，是宏观经济学的两大核心命题。本课程以两大核心命题为主线设置教学模块，分别设置 9 个项目和 17 个教学活动。项目安排思路是以学生对整体经济如何运行的初级认识为切入点，逐步深入开展教学活动。项目的具体设计如下：

模块（一）：认识宏观经济学

知识目标：理解衡量国民经济的三种重要指标的概念；掌握国民经济变量之间的关系；掌握国民经济核算的几个恒等式；能够对社会总支出中的消费、投资、政府购买、净出口进行分类。

能力目标：学会利用数据计算 GDP、CPI、失业率三种指标；能够使用 CPI 指标计算通货膨胀率、实际利率、不同时期的收入；解释造成 CPI 偏差的因素；评价 GDP 作为经济生活水平指标的局限性。

为了实现模块的教学目标，把模块分成 3 个教学单元，安排 2 个单元活动。

活动 1：我国 GDP 数据分析

活动目标：定义 GDP，并解释为什么对一个经济体来说，总产出的价值、收入以及支出相等；描述衡量 GDP 的方法，区分名义 GDP 和实际 GDP，计算 GDP 平减指数；描述实际 GDP 的应用，并说明其作为生活水平衡量指标的局限性；养成良好的自主学习习惯，具有团队协作精神。

活动形式及组织：按照班级分若干个学习小组，选择一名学生担任小组长（2—17 同）。

实施步骤：教师在课前一周将课堂教学拟解决的问题通过"学习通"平台发给学生。小组成员分工合作查找资料，学习视频，理解知识点，制定解答问题的方案，并上传到"学习通"平台的主题讨论区；教师检查各小组的学习成果，记录学生存在的问题。在课堂教学时，教师根据学生上传的学习成果，发现存在的问题，针对问题对教学内容的重点和难点进行讲解，各小组修改解题方案。对于仍然存在的问题，教师再有针对性地进行答疑。最后，布置讨论题和安排下次课堂活动。

活动素材：多媒体教室、教材、课件、笔记本、手机（2—17 同）。

活动评价：由小组长和教师根据小组工作评价量表和课堂演示评价量表进行评价（2—17 同）。

活动 2：我国物价水平和失业人口的数据分析

活动目标：定义价格指数，编制消费者物价指数（CPI），考虑为什么 CPI 是生活费用的不完善衡量指标；比较作为物价总水平衡量指标的 CPI 与 GDP 平减指数，计算通货膨胀率。

实施步骤：教师在课前一周将课堂教学拟解决的问题通过"学习通"平台发给学生。小组成员分工合作查找资料，学习视频，理解知识点，制定解答问题的方案，并上传到"学习通"平台的主题讨论区；教师检查各小组的学习成果，记录学生存在的问题。在课堂教学时，教师首先抽取小组发言，再根据学生成果中存在的问题，对教学内容的重点和难点进行讲解，各小组修改解题方案。对于仍然存在的问题，教师再有针对性地进行答疑，请学生对本节课的教学内容进行总结。

模块（二）：简单国民收入决定理论

知识目标：解释凯恩斯消费函数的基本形式；说明边际消费倾向（MPC）的含义和计算公式；了解其他消费理论的内容和观点；理解资本边际效率、投资需求曲线的含义；记忆总支出（AE）的函数表达式以及图形表示；学会利用 45 度线来说明均衡国民收入的形成过程。

能力目标：学会使用 NI-AE 模型解释扩张性财政政策和紧缩性财政政策对一国产出、就业等指标的影响；评价 NI-AE 模型的优点和不足之处。

为了实现模块的教学目标，把模块分成 2 个单元活动。

活动 3：全国居民的消费水平分析

活动目标：定义消费倾向和储蓄倾向，计算消费函数，描述影响消费支出的因素，运用边际消费倾向递减规律分析居民消费现象，能够绘制消费函数曲线；具有一定的作图能力；养成良好的学习习惯；具有团队协作精神。

实施步骤：教师在课前一周将课堂教学拟解决的问题通过"学习通"平台发给学生。小组成员分工合作查找资料，学习视频，理解知识点，制定解答问题的方案，并上传到"学习通"平台；教师检查各小组的学习成果，记录学生存在的问题。在课堂教学时，教师首先抽取小组发言，再根据学生的学习成果中存在的问题，对教学内容的重点和难点进行讲解，各小组修改解题方案。对于仍然存在的问题，教师再有针对性地进行解答。

活动 4：我国投资水平分析

活动目标：定义资本边际效率；计算投资函数，描述影响投资支出的因素，运用资本边际效率递减规律分析社会投资现象，能够绘制投资函数曲线；具有一定的作图能力；养成良好的消费习惯和学习习惯；具有团队协作精神。

实施步骤：教师在课前一周将课堂教学拟解决的问题通过"学习通"平

台发给学生。小组成员分工合作，查找资料，学习视频，理解知识点，制定解答问题的方案，并上传到"学习通"平台；教师检查各小组的学习成果，记录学生存在的问题。在课堂教学时，教师抽取小组发言，并根据学生的学习成果中存在的问题，讲解教学内容的重点和难点，各小组修改解题方案。

活动 5：计划支出与总产出的关系分析

活动目标：解释实际 GDP 如何调整以实现均衡支出；理解凯恩斯交叉图；计算均衡产出；描述乘数理论，运用乘数理论分析宏观经济政策对总产出的影响；具有一定的作图分析能力、实事求是的工作态度、创新精神、一定的人际交往能力和团队协作精神；养成良好的自主学习习惯。

实施步骤：教师在课前一周将课堂教学拟解决的问题通过"学习通"平台发给学生。小组成员分工合作查找资料，学习视频，理解知识点，制定解答问题的方案，并上传到"学习通"平台；教师检查各小组的学习成果，记录学生存在的问题。在课堂教学时，教师首先抽取小组发言，再根据学生的学习成果中存在的问题，对教学内容的重点和难点进行讲解，各小组修改解题方案。对于仍然存在的问题，教师再有针对性地进行答疑。

模块（三）：货币、金融体系和货币政策

知识目标：定义货币，并描述其职能；解释银行是如何创造货币的；复述中央银行的职能，解释中央银行是如何控制货币供给量的；描述货币政策的目标和工具。

能力目标：具备一定的计算能力；能运用货币政策工具解释宏观经济政策对经济的影响；具有良好的口头表达和人际交往能力；具有一定的自我管理、自我约束能力。

为了实现模块的教学目标，把模块分成 2 个单元活动。

活动 6：货币供给量分析

活动目标：定义货币，并描述其职能；列举货币供给的度量；解释银行是如何创造货币的，计算货币乘数。

实施步骤：教师在课前一周将课堂教学拟解决的问题通过"学习通"平台发给学生。小组成员分工合作，查找资料，学习视频，理解知识点，制定解答问题的方案，上传到"学习通"平台；教师检查各小组的学习成果，记录学生存在的问题。在课堂教学时，教师抽取小组发言，并对教学内容的重点和难点进行讲解，各小组修改解题方案。

活动 7：中央银行的货币政策分析

活动目标：理解中央银行资产负债表，并描述其职能；描述货币政策的目标以及实现这些目标的货币政策措施；解释中央银行影响实际 GDP 和通货膨胀率的传导机制。

实施步骤：教师在课前一周将课堂教学拟解决的现实问题发给学生。小组成员分工合作查找资料，学习"学习通"平台视频中的知识点，制定解答问题的方案，完成学习成果 PPT 的制作。在"学习通"平台的分组任务中，各小组上传研讨成果。在进行课堂教学时，小组成员代表以 PPT 课件的形式进行演示汇报，每个小组大致用 6～8 分钟汇报。汇报的过程中，各小组通过"学习通"平台的评分功能进行互评，教师记录每一小组的汇报情况，公布各小组的成绩，评选出前三名，发放一些小奖品。

模块（四）：IS-LM 模型分析

知识目标：理解 IS-LM 模型的行为函数（消费函数、投资函数、货币需求函数）的基本形式和内容，能够归纳出 IS-LM 模型的假设、方程形式、图形构建，理解 IS-LM 模型的适用条件、意义。

能力目标：运用 IS-LM 模型分析一国的货币政策、财政政策对经济的影响，能运用 IS-LM 模型进行经济预测。

为了实现模块的教学目标，把模块分成 3 个单元活动。

活动 8：产品市场均衡分析

活动目标：复述 IS 曲线，并解释其意义；解释影响 IS 曲线移动的因素；能分析政府的财政政策对总产出的影响；具备一定的作图分析能力；具有一定的批判性思维能力和团队协作精神；养成自主学习的习惯。

实施步骤：教师在课前一周将课堂教学拟解决的问题通过"学习通"平台发给学生。小组成员分工合作查找资料，学习视频，理解知识点，制定解答问题的方案，并上传到"学习通"平台。教师检查各小组的学习成果，记录学生存在的问题。教师抽选学生发言，根据学生的学习成果中存在的问题，各小组修改解题方案。

活动 9：货币市场均衡分析

活动目标：复述 LM 曲线，并解释其意义；解释影响 LM 曲线移动的因素；能分析货币政策对总产出的影响；具备一定的作图分析能力；具有良好的人际交往能力；养成良好的自主学习习惯；培养学生实事求是的工作态度、团结协作和创业创新精神。

实施步骤：教师在课前一周将课堂教学拟解决的问题通过"学习通"平台发给学生。小组成员分工合作查找资料，学习视频，理解知识点，制定解答问题的方案，上传到"学习通"平台。教师检查各小组的学习成果，记录学生存在的问题。

活动 10：产品市场和货币市场均衡分析

活动目标：计算产品市场和货币市场均衡时的利率和总产出水平；能分析 IS 曲线和 LM 曲线移动时对均衡点的影响；解释非均衡点的意义；具备作图分析问题的能力。

实施步骤：教师在课前一周将课堂教学拟解决的现实问题发给学生。小组成员分工合作查找资料，学习"学习通"平台视频中的知识点，制定解答问题的方案，完成学习成果 PPT 的制作；在"学习通"平台的分组任务中，各小组将研讨成果上传。在进行课堂教学时，小组成员代表以 PPT 课件的形式进行演示汇报，每个小组大致 6～8 分钟。汇报的过程中，各小组通过"学习通"平台的评分功能进行互评，教师记录每一小组的汇报情况，公布各小组的成绩，评选出前三名，对小组展示情况进行点评。

模块（五）：总需求和总供给分析

知识目标：理解总需求曲线的定义、推导和影响其移动的因素；理解短期总生产函数和曲线、劳动力市场的供求和市场均衡。

能力目标：运用 AD-AS 模型分析宏观财政政策、货币政策的影响。

为了实现模块的教学目标，把模块分成 3 个单元活动。

活动 11：总需求决定分析

活动目标：推导出总需求曲线；解释影响总需求曲线移动的因素；具备一定的作图和计算能力。

实施步骤：教师在课前一周将课堂教学拟解决的问题通过"学习通"平台发给学生。小组成员分工合作查找资料，学习视频，理解知识点，制定解答问题的方案，并上传到"学习通"平台。教师检查各小组的学习成果，记录学生存在的问题。在课堂教学时，教师首先抽选学生发言，再根据学生的学习成果中存在的问题，对教学内容的重点和难点进行讲解。

活动 12：总供给决定分析

活动目标：区分长期总供给曲线和短期总供给曲线，解释影响总供给曲

线移动的因素；具备一定的作图分析能力和解决问题的能力。

实施步骤：教师在课前一周将课堂教学拟解决的问题通过"学习通"平台发给学生。小组成员分工合作查找资料，学习视频，理解知识点，制定解答问题的方案，并上传到"学习通"平台的主题讨论区。教师检查各小组的学习成果，记录学生存在的问题。在课堂教学时，教师首先抽选学生发言；再根据学生的学习成果中存在的问题，对教学内容的重点和难点进行梳理，各小组修改解题方案。对于仍然存在的问题，教师有针对性地进行答疑，然后请学生对本节课的教学内容进行总结。最后，布置探讨作业和安排下次课堂活动。

活动 13：总需求和总供给均衡分析

活动目标：区分长期总供给曲线和短期总供给曲线，解释影响总供给曲线移动的因素；具备一定的作图分析能力和解决问题的能力。

实施步骤：教师在课前一周将课堂教学拟解决的问题通过"学习通"平台发给学生。小组成员分工合作查找资料，学习视频，理解知识点，制定解答问题的方案，完成学习成果 PPT 的制作；在"学习通"平台的分组任务中，各小组上传研讨成果。在进行课堂教学时，小组成员代表以 PPT 课件的形式进行演示汇报，每个小组大致用 6～8 分钟。各小组间通过平台功能进行互评。教师记录每一个小组的汇报情况，对小组展示情况进行总结点评。

模块（六）：宏观经济政策实践

知识目标：描述财政和货币政策的内容，解释其产生的经济效应。

能力目标：利用 IS-LM 模型分析宏观货币政策、财政政策的作用，对宏观经济变量的影响，可能引起的后果；具备一定的作图分析能力和解决问题的能力。

活动 14： 财政政策和货币政策对 IS-LM 模型的影响分析

活动目标：解释货币政策和财政政策的调整如何影响利率和总产出的均衡水平；具备运用 IS-LM 模型对经济形势进行预测的能力；养成良好的自主学习和勤于思考的习惯。

实施步骤：课前一周，教师将课堂教学拟解决的问题通过"学习通"平台发给学生。小组成员分工合作查找资料，学习视频，探究知识点，制定解答问题的方案，将方案上传到"学习通"平台的主题讨论区。教师检查各小组的学习成果，记录学生存在的问题。教师有针对性地进行答疑以后，布置讨论题和安排下次课堂活动。

模块（七）：通货膨胀和失业分析

活动 15：通货膨胀和失业分析

知识目标：阐述通货膨胀和失业的类型，解释通货膨胀原因；理解菲利普斯曲线，以及通货膨胀与失业之间的短期替代关系。

能力目标：运用基本理论分析经济形势；具有有效地解决问题的能力。

实施步骤：教师在课前一周将课堂教学拟解决的问题通过"学习通"平台发给学生。小组成员分工合作查找资料，学习视频，理解知识点，制定解答问题的方案，并上传到"学习通"平台。教师检查各小组的学习成果，记录学生存在的问题。教师有针对性地进行答疑以后，布置讨论题和安排下次课堂活动。

模块（八）：经济增长

活动 16：长期经济增长分析

知识目标：能够解释经济增长的含义，概述实现经济增长的原因以及各自发挥的作用，说明经济增长与经济发展的关系及政策主张。

能力目标：具备一定的评价各国经济水平的能力。

实施步骤：教师在课前一周将课堂教学拟解决的问题通过"学习通"平台发给学生。小组成员分工合作，查找资料，学习视频，理解知识点，制定解答问题的方案，并上传到"学习通"平台。教师检查各小组的学习成果，记录学生存在的问题。在课堂教学时，教师抽选学生上台演示学习成果，根据学生的学生成果中存在的问题，讲解教学内容的重点和难点，各小组修改解题方案。

模块（九）：开放经济的宏观经济学

知识目标：描述一个国家的国际收支账户平衡表，并且解释国际借贷数量的决定因素；解释汇率的决定因素以及它的波动原因。

能力目标：具备一定的分析图表的能力。

活动 17：国际收支与汇率分析

知识目标：能够描述一个国家的国际收支账户平衡表，并且解释国际借贷数量的决定因素；解释汇率的决定因素以及它的波动原因；具备一定的分析图表的能力。

实施步骤：教师在课前一周将课堂教学拟解决的问题通过"学习通"平

台发给学生，小组成员分工合作查找资料，学习视频，理解知识点，制定解答问题的方案。在课堂教学时，教师选择学生分享学习成果，强调教学内容的重点和难点，各小组修改解题方案。

表 34　宏观经济学教学活动简表

模块目标	活动名称	活动素材	学生作品
知识目标：理解衡量国民经济的三种重要指标的概念；掌握国民经济变量之间的关系；掌握计算国民经济的几个恒等式；能够对社会总支出中的消费、投资、政府购买、净出口进行分类 **能力目标**：学会利用数据计算（GDP、CPI、失业率）三种指标；能够使用 CPI 指标计算通货膨胀率、实际利率、不同时期的收入；解释造成 CPI 偏差的因素；评价 GDP 作为经济生活水平指标的局限性	宏观经济学概述	政府工作报告、多媒体教室、课件、教材、手机等	学生概述课堂上学到的"最重要"和"最有用"的知识
	我国 GDP 数据分析	新闻报道、多媒体教室、课件、教材、手机等	小组作业、知识结构图
	我国物价水平和失业人口的数据分析	新闻报道、多媒体教室、课件、教材、手机等	小组作业、复习式周记
知识目标：解释凯恩斯消费函数的基本形式；说明边际消费倾向（MPC）的含义与计算公式；了解其他消费理论的内容与观点；理解资本边际效率、投资需求曲线的含义；记忆总支出（AE）的函数表达式以及图形表示；学会利用 45 度线来说明均衡国民收入的形成过程 **能力目标**：学会使用 NI-AE 模型解释扩张性财政政策和紧缩性财政政策对一国产出、就业等指标的影响；评价 NI-AE 模型的优点和不足之处；具备一定的作图分析能力、自我约束和自我管理能力	全国居民的消费水平分析	新闻报道、多媒体教室、课件、教材、手机等	小组作业、课堂演示消费函数和曲线
	我国投资水平分析	新闻报道、多媒体教室、课件、教材、手机等	小组作业、课堂演示投资函数和曲线
	计划支出与总产出关系分析	新闻报道、多媒体教室、课件、教材、手机等	小组作业、绘制 NI-AE 模型图、复习式周记

模块目标	活动名称	活动素材	学生作品
知识目标：定义货币，并描述其职能；解释银行是如何创造货币的；复述中央银行的职能，解释中央银行是如何控制货币供给量的；描述货币政策的目标和工具 **能力目标**：具备一定的计算能力；能运用货币政策工具解释宏观经济政策对经济的影响；具有良好的口语表达能力，一定的自我管理、自我约束能力，良好的人际交往能力	货币供给量分析	中央银行货币供给统计概览、课件、教材、多媒体教室、手机等	小组作业、课堂演示
	中央银行的货币政策分析	中央银行网站货币政策一栏的相关文件、课件、小组PPT、多媒体教室、手机等	小组PPT、小组汇报成果、复习式周记
知识目标：理解IS-LM模型的行为函数（消费函数、投资函数、货币需求函数）的基本形式和内容；能够归纳出IS-LM模型的假设、方程形式、图形构建；理解IS-LM模型的适用条件、意义 **能力目标**：运用IS-LM模型分析一国货币政策、财政政策对经济的影响；运用IS-LM模型进行经济预测	产品市场均衡分析	课件、教材、多媒体教室、手机等	小组作业、绘制产品市场均衡图
	货币市场均衡分析	课件、教材、多媒体教室、手机等	小组作业、小组发言、绘制货币市场均衡图
	产品市场和货币市场均衡分析	课件、教材、多媒体教室、手机等	小组制作课件、小组汇报成果、知识结构图
知识目标：理解总需求曲线的定义、推导和影响其移动的因素；理解短期总生产函数和曲线、劳动力市场的供求和市场均衡 **能力目标**：运用AD-AS模型分析宏观财政政策、货币政策的影响	总需求决定分析	课件、教材、多媒体教室、手机等	小组作业、绘制AD曲线
	总供给决定分析	课件、教材、多媒体教室、手机等	小组作业、小组讨论发言、绘制AS曲线
	总需求和总供给均衡分析	课件、教材、多媒体教室、手机等	小组制作课件、小组汇报成果、知识结构图

模块目标	活动名称	活动素材	学生作品
知识目标：描述财政和货币政策的内容，解释二者产生的经济效应 **能力目标**：利用 IS-LM 模型分析宏观货币政策、财政政策的作用方式、对宏观经济变量的影响、可能引起的后果；具备一定的作图分析能力和解决问题的能力、良好的沟通和表达能力	财政政策和货币政策对 IS-LM 模型的影响分析	当前货币政策和财政政策文件、课件、教材、多媒体教室、手机等	小组作业、绘制存在挤出效应的 IS-LM 模型图
知识目标：阐述通货膨胀和失业的类型；解释通货膨胀原因；理解菲利普斯曲线，以及通货膨胀与失业之间的短期替代关系 **能力目标**：运用基本理论分析经济形势；具备有效解决问题的能力	通货膨胀和失业分析	广东省国民经济与社会发展统计公报资料、课件、教材、多媒体教室等	小组作业、知识结构图
知识目标：解释经济增长的含义；概述实现经济增长的源泉以及各自发挥的作用；说明经济增长与经济发展的关系及政策主张 **能力目标**：具备一定的评价各国不同经济水平的能力	长期经济增长分析	当前我国经济增长资料、课件、教材、多媒体教室等	小组作业、复习式周记
知识目标：描述一个国家的国际收支账户平衡表，并且解释国际借贷的数量的决定因素；解释汇率的决定因素以及它的波动原因 **能力目标**：具备一定的分析图表的能力	国际收支与汇率	当前我国国际收支账户资料、中国人民银行人民币汇率制度的资料、课件、教材、多媒体教室、手机等	小组作业、小组课堂演示、学习总结

六、宏观经济学教学进程表

表 35 宏观经济学教学进程表

教学模块	教学单元	单元目标	教学策略	学习活动	学习评价
认识宏观经济学	宏观经济学概述	**知识目标：**了解宏观经济学的产生与发展历程；描述宏观经济学研究的核心问题及其特征；理解宏观经济政策的目标和工具；区分微观经济学和宏观经济学 **能力目标：**具有一定的分析宏观经济政策的能力	以讲授为主	思考、讨论、分享	课后完成"学习通"平台上的作业，检测学生对宏观经济学研究问题的理解程度
	GDP：总产出与总收入的衡量	**知识目标：**理解一个经济体的总收入等于其总支出；定义和计算国内生产总值（GDP），描述 GDP 的四个主要组成部分，区分名义 GDP 和实际 GDP，计算 GDP 平减指数，解释 GDP 作为生活水平衡量指标的局限性 **能力目标：**具备核算一国 GDP 的能力和一定的语言表达能力	针对历年我国国内生产总值的数据设计问题，引导学生分组讨论	小组讨论问题，小组成员展示讨论结果	根据小组工作评价量表评价各小组的讨论结果；完成教材第 9 章思考题 3，检测学生对 GDP 的理解程度
	失业与通货膨胀	**知识目标：**阐述如何度量失业和通货膨胀；编制消费价格指数（CPI）；描述衡量失业率的数据 **能力目标：**具备计算一国 CPI、通货膨胀率及失业率的能力；具备运用基本概念分析它们对经济的影响的能力	针对历年我国物价水平和人口数据设计问题，引导学生分组讨论	小组讨论问题，小组成员展示讨论结果	根据小组工作评价量表评价各小组的讨论结果；完成教材第 9 章思考题 7，检测学生对通货膨胀和失业的理解程度

教学模块	教学单元	单元目标	教学策略	学习活动	学习评价
简单国民收入决定理论	消费与储蓄	**知识目标**：理解凯恩斯消费函数的含义、函数形式；掌握边际消费倾向的内容；能够解释边际消费倾向递减的原因；学会根据消费函数推导出储蓄函数 **能力目标**：具备运用图形表示消费曲线和储蓄曲线的能力	针对全国居民的消费水平设计问题，引导学生分组讨论	小组讨论、分析问题，小组成员展示讨论结果	根据小组工作评价量表评价各小组的讨论结果；完成教材第10章思考题2
	投资	**知识目标**：理解资本边际效率；区分投资支出的类型；列举并解释影响投资的因素；推论出投资需求函数 **能力目标**：具备一定的作图能力；能够运用资本边际效率递减规律解释我国当前投资变动的原因	针对我国的投资情况设计问题，引导学生分组讨论	小组讨论、分析问题，小组成员展示讨论结果	根据小组工作评价量表评价各小组的讨论结果；课后完成教材第10章思考题3
	NI-AE模型	**知识目标**：理解两部门和三部门经济中总支出（AE）的函数表达式和图形表示；能够解释均衡国民收入的决定过程；比较政府购买支出和政府转移支付对国民经济的不同影响；能够解释"节俭悖论" **能力目标**：评价简单国民收入决定理论（NI-AE模型）的前提、适用条件和缺陷	各小组汇报课前已安排的总支出和总收入问题，点评小组的汇报情况	小组讨论、分析问题，小组成员展示讨论结果	根据小组工作评价量表评价各小组的讨论结果；课后完成教材第10章思考题4

续表

教学模块	教学单元	单元目标	教学策略	学习活动	学习评价
货币、银行和货币政策	货币和银行理论	**知识目标**：解释货币的含义，能够举出历史上出现的各种形式的货币例子，能够记住货币的三种主要职能，理解货币存量的构成（M1，M2）；解释准备金的含义，根据部分准备金银行制度说明货币创造的过程；概述影响货币乘数大小的因素 **能力目标**：计算货币乘数	设计有关货币的几个问题，引导学生分组讨论	小组讨论问题，小组成员展示讨论结果	根据小组工作评价量表评价各小组的讨论结果；课后完成"学习通"平台上的作业
	货币政策的目标和工具	**知识目标**：复述中央银行的职能，解释中央银行是如何控制货币供给量的；描述货币政策的目标和工具 **能力目标**：运用货币政策工具解释宏观经济政策对经济的影响	根据当前中央银行的措施设计问题；听取小组汇报，记录各组的情况	各小组课堂演示分析成果；各小组进行互评，小组改正存在的问题	根据课堂演示评价量表评价各小组的汇报成果；课后完成"学习通"平台上的作业
IS-LM 模型分析	产品市场均衡：IS曲线	**知识目标**：复述 IS 曲线，并解释其意义；解释影响 IS 曲线移动的因素 **能力目标**：具备一定的作图分析能力；能分析政府的财政政策对总产出的影响	设计有关产品市场的问题，引导学生分组讨论	小组讨论问题，小组成员展示讨论结果	根据小组工作评价量表评价各小组的讨论结果；课后完成教材第11章思考题1
	货币市场均衡：LM曲线	**知识目标**：复述 LM 曲线，并解释其意义；解释影响 LM 曲线移动的因素 **能力目标**：具备一定的作图分析能力；能分析货币政策对总产出的影响	设计有关货币市场的问题，引导学生分组讨论	小组讨论问题，小组成员展示讨论结果	根据小组工作评价量表评价各小组的讨论结果；课后完成教材第11章思考题4

续表

教学模块	教学单元	单元目标	教学策略	学习活动	学习评价
IS-LM 模型分析	IS-LM 模型	**知识目标**：计算产品市场和货币市场均衡时的利率和总产出水平 **能力目标**：分析 IS 曲线和 LM 曲线移动时对均衡点的影响	设计有关产品市场和货币市场的问题，引导学生分组讨论	各小组课堂演示分析成果，各小组进行互评，小组改正存在的问题	根据课堂演示评价量表评价各小组的汇报成果；课后完成教材第 11 章思考题 6
总需求和总供给分析	总需求	**知识目标**：推导总需求曲线；解释影响总需求曲线移动的因素 **能力目标**：具备一定的作图和计算能力	设计有关总需求的问题，引导小组讨论	思考、讨论、分享	根据小组工作评价量表评价各小组的讨论结果；课后完成教材第 12 章思考题 1 和 2
	总供给	**知识目标**：区分长期总供给曲线和短期总供给曲线；解释影响总供给曲线移动的因素 **能力目标**：具备一定的作图分析能力	设计有关总供给的问题，引导小组讨论	思考、讨论、分享	根据小组工作评价量表评价各小组的讨论结果；课后完成教材第 12 章思考题 5
	总需求和总供给均衡分析	**知识目标**：解释总需求和总供给的波动如何影响经济周期；理解如何实现充分就业 **能力目标**：运用 AD-AS 模型解释现实事件对经济的影响	设计有关宏观经济的问题，听取各小组汇报课前已安排的问题，点评小组的汇报情况	各小组课堂演示分析成果，小组改正存在的问题	根据课堂演示评价量表评价各小组的汇报成果；课后完成教材第 12 章思考题 7

教学模块	教学单元	单元目标	教学策略	学习活动	学习评价
宏观经济政策实践	IS-LM 模型中的财政政策和货币政策的效力分析	**知识目标**：解释货币政策和财政政策的调整如何影响利率和总产出的均衡水平 **能力目标**：具备运用 IS-LM 模型对经济形势做出预测的能力	设计关于当前政府实施的财政政策和货币政策对经济的影响的问题，引导小组运用 IS-LM 模型进行分析	小组讨论问题，小组成员展示讨论结果	根据小组工作评价量表评价各小组的讨论结果；课后完成教材第 15 章思考题 4
通货膨胀和失业	通货膨胀和失业	**知识目标**：定义通货膨胀和失业，并计算通货膨胀率和失业率；阐述通货膨胀和失业的类型；解释通货膨胀的原因；理解菲利普斯曲线，以及通货膨胀与失业之间的短期替代关系 **能力目标**：分析导致通货膨胀和失业的原因，并具备有效解决问题的能力	设计有关通货膨胀和失业的问题，引导学生分组讨论	小组讨论问题，小组成员展示讨论结果	根据小组工作评价量表评价各小组的讨论结果；课后完成教材第 13 章思考题 1 和 4
经济增长	长期经济增长	**知识目标**：描述衡量长期经济增长的指标；理解生产率是长期增长的关键；解释各国增长率何以不同的各种因素 **能力目标**：具备一定的评价各国不同经济水平的能力	根据近几年我国的经济数据设计问题，引导学生分组讨论	小组讨论问题，小组成员展示讨论结果	根据小组工作评价量表评价各小组的讨论结果；课后完成教材第 16 章思考题 4

教学模块	教学单元	单元目标	教学策略	学习活动	学习评价
开放经济的宏观经济学	国际收支账户与汇率	**知识目标**：描述一个国家的国际收支账户平衡表；解释国际借贷的数量的决定因素；解释汇率的决定因素以及它的波动原因 **能力目标**：具备一定的分析图表的能力	根据近几年我国进出口的经济数据设计问题，引导学生分组讨论	小组讨论问题，小组成员展示讨论结果	根据小组工作评价量表评价各小组的讨论结果；完成教材第14章思考题1

七、题库与常见问题

（一）题库

以各章节为单元建设题库，根据课程知识点及各章节的重点和难点设置题目。题型为单选题、判断题、名词解释、简答题、计算题、作图分析题及论述题7大类，各种题型的数量为70题、50题、50题、20题、7题、8题及9题。再根据题目类型组成7套试卷，试卷的分值比重为：15个选择题共30分（每小题2分）、10个判断题共10分（每小题1分）、5个名词解释共15分（每小题3分）、3个简答题共15分（每小题5分）、2个计算题共20分（每题10分）、1个作图分析题或论述题10分。

（二）常见问题

表36　宏观经济学常见问题

单元名称	序号	常见问题
认识宏观经济学	1	GDP 的定义
	2	GDP 的缺陷
	3	收入法与支出法的关系
简单国民收入决定理论	4	画出消费曲线和投资曲线

单元名称	序号	常见问题
简单国民收入决定理论	5	运用边际消费倾向递减规律和资本边际效率递减规律分析经济问题
	6	乘数理论的运用
货币、银行和货币政策	7	解释货币供给量与基础货币的关系
	8	理解货币政策工具
	9	认识货币政策传导机制
IS-LM 模型分析	10	IS 和 LM 曲线的移动
	11	辨析经济活动的调整过程
总需求和总供给分析	12	总需求曲线为什么向右下方倾斜
	13	区别长期总供给和短期总供给曲线
	14	物价水平和总产出的变动
宏观经济政策实践	15	财政政策和货币政策之间的挤出和产出效应
	16	货币政策和财政政策混合运用时产出和利率之间的关系
	17	面对需求冲击和供给冲击,运用宏观经济政策如何稳定经济
通货膨胀和失业	18	通货膨胀的原因和影响
	19	失业的原因和影响
经济增长理论	20	影响长期经济增长的因素
开放经济的宏观经济学	21	区分经常账户和资本账户
	22	区分升值和贬值

八、宏观经济学单元教学设计

宏观经济学以两大核心命题为主线:一是产出、就业、金融环境和价格的短期波动;二是产出和生活水平的长期变动趋势。分别设置 9 个教学模块和 17 个教学单元。教学单元的安排思路是以学生对整体经济如何运行的初级认识为切入点,逐步深入开展教学活动。教学日志是笔者根据在 2020 级开展的教学实践的情况进行总结的。

表 37　宏观经济学单元教学设计

单元名称	1-1 宏观经济学概述	所属模块名称	1．认识宏观经济学	学时	2
知识与能力	了解宏观经济学的产生及发展历程；描述宏观经济学研究的核心问题与特征；理解宏观经济政策的目标和工具；区分微观经济学和宏观经济学；分析宏观经济政策				
教学内容	宏观经济学研究的问题；宏观经济学的基本框架；微观经济学与宏观经济学的关系				
教学重点	宏观经济学主要研究的问题；宏观经济学的基本框架				
教学难点	宏观经济学的基本框架；宏观经济政策的目标和工具				

教学过程	
教师活动	**学生活动**
1．课前准备 课前登陆"学习通"平台，上传宏观经济学课程大纲、授课计划、视频、课件、题库等资料。在"学习通"平台上导入学生名册。 2．新课引入 引导学生思考宏观经济学与微观经济学的不同点、宏观经济学研究的问题。 3．梳理知识点 根据学生回答问题的情况，重点讲授宏观经济学研究的主要问题、目标和课程架构。 4．小组研讨 请各小组绘制课程框架图。 5．单元小结（略） 6．课外作业 完成在"学习通"平台上布置的作业。	1．登陆"学习通"平台，了解宏观经济学课程大纲和授课计划，并学习第一讲视频，了解课程学习资料。 2．学生思考、分享对宏观经济的认识。 3．学生做简要的笔记，记录宏观经济的主要目标。 4．小组之间分享。 5．学生在"学习通"平台上上传学习内容小结。 6．在"学习通"平台上完成作业。

教学日志： 在宏观经济学的第一堂课上，教师介绍了布鲁姆教育目标分类法，该分类法指出，问题有简单和复杂之分，人的认知过程是从低阶认知到高级认知的过程，具体分为记忆、理解、应用、分析、评价和创新。记忆和理解是低阶认知阶段，其他是高阶认知阶段。大学阶段的学习培养的是学生的高阶认知能力，传统的讲授法难以达到这样的目标。在宏观经济学课程的教学中，教师将采用问题导向教学法，激发学生探索宏观经济学知识的欲

望，提高学生的高阶认知能力。

教师通过课堂与学生交流，了解学生的基本情况。大多数学生对宏观经济学的知识所知甚少，平时也不怎么关注财经新闻。虽然本节课激发了大多数学生的学习兴趣，但还有部分学生表现得不够积极，课堂活动参与度不高。在下节课的学习中，将分组讨论，小组成员一起学习，并采取有效的激励方法，让学生积极思考和参与讨论。

表 38 宏观经济学单元教学设计

单元名称	1-2 国内生产总值	所属模块名称	1. 认识宏观经济学	学时	2
知识与能力	理解经济的总收入等于其总支出；计算国内生产总值（GDP）；掌握 GDP 的组成；区分名义 GDP 和实际 GDP；计算 GDP 平减指数；理解 GDP 的缺陷；核算 GDP；具备一定的语言表达能力					
教学内容	国内生产总值；支出法和收入法；名义 GDP；实际 GDP；GDP 的缺陷					
教学重点	国内生产总值；支出法和收入法					
教学难点	支出法； GDP 的缺陷					
教学过程					
教师活动			学生活动		
1. 课前预习 发布关于我国 GDP 数据的学习任务： 国家统计局 2021 年 2 月公布了 2020 年我国主要经济数据，经初步测算，国内生产总值为 1015986 亿元，比上年增长 2.3%。 请根据以上条件回答下列问题： （1）何谓 GDP？其具体含义是什么？ （2）GDP 是如何核算出来的？ （3）查找 2011—2020 年的 GDP 数据，并绘制图表对 GDP 数据的变动加以解释。 2. 回顾前课 复习宏观经济目标。 3. 引入新课 介绍历年我国国内生产总值的数据，引导学生思考。 4. 展示问题 展示各小组上传的解题方案。			1. 小组讨论，上传解题方案。 2. 学生发言。 3. 学生思考、分享观点。 4. 选取两个或三个小组分享解题思路及存在的问题。 5. 学生听讲、思考、反馈。 6. 小组讨论问题，小组修改方案并组间进行交流。 7. 在"学习通"平台上答题。		

5. 梳理知识点 GDP 的含义、GDP 的衡量方法（支出法和收入法）、强调支出法的公式 GDP=C＋I＋G＋NX、名义 GDP 和实际 GDP、其他的相关指标等。 6. 小组研讨 引导各小组讨论针对历年我国国内生产总值的数据设计的问题，教师巡回指导。 7. 课堂测试题 （1）下列哪一项计入 GDP？（　　　） 　A．购买用过的旧自行车 　B．购买普通股票 　C．汽车制造厂买入 10 吨钢板 　D．银行向某企业收取一笔贷款利息 （2）假如王先生不出租他的房子而是自己使用，这部分房租（　　）。 　A．不算入国内生产总值，因为出租房子不属于生产行为 　B．算入国内生产总值，按出租可以得到的租金计算 　C．不算入国内生产总值，因为房子由房主本人居住 　D．不算入国内生产总值，因为没有经过市场活动 （3）GDP 的支出法核算不包含下列哪一项？（　　　） 　A．消费　B．投资　C．政府购买　D．净进口 （4）下列属于消费的是（　　　）。 　A．小军下课时买的零食　B．张先生下班去理发 　C．华女士买的新轿车　D．李先生家建的新房子 8. 单元小结（略） 9. 课外作业（略）	8. 小组代表复述课程知识点。

教学日志：进入教室前教师应问自己：我希望学生从这节课中学到什么？他们怎样向我证明他们学会了？按照这样的理念，设计好各个教学环节。课堂教学按照教学环节有序进行。从教学情况来看，各小组能按时提交问题的解决方案，进行小组研讨、分享，只是不够活跃，教师对学生进行了鼓励、表扬。

教师通过"学习通"平台随机选择学生回答问题，有个别学生不能正确回答。在梳理知识点的过程中，大多数学生能认真听课、思考，及时对教师的启发进行回应。在四个知识点检测中，学生回答问题的正确率分别为

50.0%、61.0%、88.1%和 75.0%。因此，单元小结和课外作业重点针对 GDP 含义的理解方面进行设计。通过本节课的学习，使学生能够描述 GDP，区分支出法的四个项目，能举例说明 GDP 衡量经济发展水平时的局限性，课堂教学活动有效地实现了教学目标。

表 39　宏观经济学单元教学设计

单元名称	1-3 通货膨胀与失业	所属模块名称	1.认识宏观经济学	学时	2
知识与能力	度量失业和通货膨胀；编制消费价格指数（CPI）；描述衡量失业率的数据；计算 CPI、通货膨胀率和失业率，运用基本概念分析它们对经济的影响				
教学内容	编制 CPI；计算通货膨胀率；失业的类型				
教学重点	编制 CPI；计算通货膨胀率；失业的类型				
教学难点	编制 CPI				
教学过程					
教师活动			**学生活动**		
1．课前预习 发布关于我国 CPI 数据的学习任务： 国家统计局公布：2020 年我国居民消费价格比上年上涨 2.5%；工业生产者出厂价格下降 1.8%；工业生产者购进价格下降 2.3%；农产品生产者价格上涨 15.0%。2020 年城镇新增就业 1186 万人，比上年少增 166 万人；年末全国城镇调查失业率为 5.2%，城镇登记失业率为 4.2%。 请根据以上条件回答下列问题： （1）如何理解居民消费价格指数和失业率。 （2）编制 CPI 的基本步骤。 （3）计算失业率，分析导致失业的原因。 2．回顾前课 采用课前测试的形式进行 GDP 知识点的复习。 3．引入新课 介绍上季度的 CPI 和失业率的数据，引导学生思考。 4．展示问题 展示各小组上传的解题方案。			1．小组讨论，上传解题方案。 2．在"学习通"平台上答题。 3．小组研讨、分享。 4．小组分享解答思路及存在的问题。 5．听讲，思考，反馈。 6．小组讨论问题，修改方案并组间进行交流。 7．在"学习通"平台上答题。 8．描述编制 CPI 的基本步骤，计算失业率。		

5．梳理知识点 CPI 定义、编制 CPI、计算通货膨胀率、CPI 与 GDP 紧缩指数的区别、造成 CPI 偏差的因素、失业率、失业的类型、充分就业和自然失业率等。 6．小组研讨 引导学生分组讨论针对历年我国物价水平和失业人口的数据设计的问题，教师巡回指导。 7．课堂测试题 （1）判断题：居民消费价格指数包括从海外购买的商品和服务，GDP 紧缩指数只度量在国内生产的产品。（ ） （2）假设 2011 年为当年，2011 年的 CPI 为 120，再假设上一年即 2010 年的 CPI 为 100，则 2011 年的通货膨胀率为（ ）。 A．12% B．16.7% C．20% D．26.7% （3）假设失业人口为 500 人，劳动力人口为 10000 人，劳动年龄人口为 12500 人，失业率和劳动力参与率分别是（ ）。 A．4%；96% B．5%；95% C．5%；80% D．4%；80% 8．单元小结（略） 9．课外作业（略）	

教学日志：通过本节课的学习，使学生准确定义失业、CPI 和通货膨胀的含义，计算失业率、CPI 和通货膨胀率，学会编制 CPI，正确区分失业类型，阐述失业的原因。由于此部分知识点的学习需要学生具有一定的计算和分析能力，因此，讲解知识点时要特别注重对学生分析问题能力的培养。从课堂教学检测环节来看，学生回答三个问题的正确率分别为 83.7%、70.0%和 88.9%。

大部分学生能结合知识点分析失业和通货膨胀问题，能正确计算通货膨胀率。但极个别学生学习的主动性不高，计算能力弱，不能很好地吸收、消化知识。要求学生课后完成思考题，加强记忆与练习。

表 40　宏观经济学单元教学设计

单元名称	2-1 消费与储蓄	所属模块名称	2. 简单国民收入决定理论（NI-AE 模型）	学时	2
知识与能力	理解凯恩斯消费函数和函数形式；理解边际消费倾向和边际消费倾向递减的原因；根据消费函数推导出储蓄函数；具有运用图形表示消费曲线与储蓄曲线的能力					
教学内容	消费函数和边际消费倾向；储蓄函数和边际储蓄倾向；消费曲线和储蓄曲线；影响消费的因素					
教学重点	消费函数和边际消费倾向；储蓄函数和边际储蓄倾向					
教学难点	边际消费倾向递减规律；其他种类的消费函数					

教学过程	
教师活动	学生活动
1．课前预习 发布关于我国居民消费水平的学习任务： 2020 年国民经济和社会发展统计公报：全年全国居民人均可支配收入为 32189 元，全年全国居民人均消费支出为 21210 元，比上年下降 1.6%，扣除价格因素，实际下降 4.0%。其中，人均服务性消费支出为 9 037 元，比上年下降 8.6%，占居民人均消费支出的比重为 42.6%。 2019 年国民经济和社会发展统计公报：全年全国居民人均可支配收入为 30733 元，全年全国居民人均消费支出为 21559 元，比上年增长 8.6%，扣除价格因素，实际增长 5.5%。其中，人均服务性消费支出为 9886 元，比上年增长 12.6%，占居民人均消费支出的比重为 45.9%。 请根据以上条件回答下列问题： （1）影响消费的因素有哪些？ （2）写出消费函数，解释边际消费倾向。 （3）解释消费函数与储蓄函数的关系。 2．回顾前课 什么是可支配收入？ 3．引入新课 介绍当前我国居民消费水平数据，引导学生思考：消费由什么决定？ 4．展示问题 展示各小组上传的解题方案。	1．小组讨论，上传解题方案。 2．发言。 3．小组讨论、分享。 4．各小组分享解答思路及存在的问题。 5．听讲，思考，做笔记，学习课程知识。 6．小组讨论问题，修改方案，小组间进行交流。 7．在"学习通"平台上答题。 8．写出消费函数，绘制消费函数图。

续表

5．梳理知识点 消费函数、边际消费倾向、边际消费倾向递减规律、储蓄函数、消费函数和储蓄函数图等。 6．小组研讨 引导各小组讨论针对我国居民消费水平设计的问题，教师巡回指导。 7．课堂测试题 （1）国民消费函数的构成是由（　　　）决定的。 　A．自发性的消费支出　　　　　　B．边际消费倾向 　C．基本的投资支出　　　　　　　D．政府的支出 （2）边际消费倾向小于1，意味着当前可支配收入的增加将使意愿的消费支出（　　　）。 　A．增加，但幅度小于可支配收入增加的幅度 　B．有所下降，这是由于收入的增加会增加储蓄 　C．增加，幅度等于可支配收入的增加幅度 　D．保持不变，这是由于边际储蓄倾向同样小于1 （3）在平均储蓄倾向等于20%的时候，平均消费倾向等于（　　　）。 　A．0.2　　　　B．0.8　　　　C．0.3　　　　D．1.2 8．单元小结（略） 9．课外作业（略）

教学日志： 课堂教学主要采用现实问题导入、小组讨论、课堂演示、成果分享的教学模式。这种教学模式在增进双向沟通的同时，能够增加学生的信息储备，提高其对热点经济问题的关注度，培养学生的经济敏感度，提高学生的逻辑思维能力、语言表达能力，以及运用经济学原理分析问题的能力。

消费函数的计算、边际消费倾向概念的理解较为抽象。随堂检测结果显示：学生回答三个问题的正确率分别为56.7%、65.0%和78.2%。教师分析学生出错的原因是学生对自发性消费和诱发性消费的概念还不是很清楚，不能结合自身的消费情况来理解经济理论知识。通过解决问题，学生能形成特定思维。自主学习能够使学生建立信心，巩固并加深对所学知识的理解。在课堂教学环节，教师多鼓励学生积极发言、分享，对于参与课堂活动的学生，不管其答案是否标准，都给予积分奖励，以此鼓励全班学生积极参与课堂活动。

表41　宏观经济学单元教学设计

单元名称	2-2 投资	所属模块名称	2. 简单国民收入决定理论	学时	2
知识与能力	理解资本边际效率；区分投资支出的类型；掌握影响投资的因素；推论出投资需求函数；具备一定的作图能力；运用资本边际效率递减规律解释投资变动的原因				
教学内容	投资函数；投资曲线；资本边际效率；资本边际效率递减规律				
教学重点	投资函数；投资曲线；资本边际效率				
教学难点	资本边际效率递减规律				

教学过程

教师活动	学生活动
1．课前预习 发布关于我国投资情况的学习任务： 下表显示的是我国近几年的资本形成总额情况（单位：亿元）。 	年份	固定资本形成总额	存货变动
---	---	---
2017	348300	9586
2018	393848	8737
2019	422451	4227
2020	435683	6718 | 请根据以上材料回答下列问题： （1）经济学中的投资指哪些行为？分析影响投资的因素。 （2）分析资本边际效率。 （3）写出投资函数，绘制投资曲线图。 2．回顾前课 复习消费函数的方程。 3．引入新课 介绍近几年我国的投资情况，启发学生思考。 4．展示问题 展示各小组上传的解题方案。 5．梳理知识点 影响投资的因素、资本边际效率、投资函数、投资曲线和托宾 Q 理论等。 6．小组研讨 引导各小组讨论针对我国的投资情况设计的问题，教师巡回指导。	1．小组讨论，上传解题方案。 2．板书写出方案。 3．选取两个小组分享解答思路及存在的问题。 4．听课，思考，做笔记。 5．小组讨论问题，修改方案并组间进行交流。 6．在"学习通"平台上答题。 7．回顾课程知识点。

7．课堂测试题	
（1）利率和投资量之间存在的关系是（　　）。	
A．利率越高，投资量越小	
B．利率越高，投资量越大	
C．利率与投资量之间的关系随经济形势的变化而变化	
D．利率与投资量之间不存在关系	
（2）以下关于投资的 Q 理论表述正确的是（　　）。	
A．Q 理论说明股票价格上升时，投资会相应减少	
B．Q 小于 1，说明买旧的企业比新建更便宜	
C．Q 大于 1，说明买旧的企业比新建更便宜	
D．Q 理论反映了资本的前期报酬率与当期报酬率之间的关系	
8．单元小结（略）	
9．课外作业（略）	

教学日志：回顾本次课堂教学活动，整个环节基本按照单元设计顺利进行，学生能积极参与课堂活动，各小组组长能够组织小组成员寻找解决问题的思路和方法。本单元理论知识的学习，对学生的逻辑思维要求较高，学生要有较强的理解能力，并要结合现实企业的投资情况加以分析。学生的社会经验少，对企业的投资知识了解不多，因此，从整体上来说，学生对资本边际效率理解得比较吃力，教师通过分析教学案例，促进学生对投资理论的理解。

表 42　宏观经济学单元教学设计

单元名称	2-3　NI-AE 模型	所属模块名称	2．简单国民收入决定理论	学时	4
知识与能力	理解两部门和三部门经济中总支出（AE）的函数表达式与图形表示；理解均衡国民收入的决定过程；比较政府购买支出和政府转移支付对国民经济的不同影响；理解"节俭悖论"；评价简单国民收入决定理论（NI-AE 模型）的前提、适用条件、缺陷				
教学内容	均衡国民收入的决定；两部门经济及乘数理论				
教学重点	两部门经济中国民收入的决定				
教学难点	乘数理论				

续表

教学过程	
教师活动	学生活动
1．课前预习 发布针对总支出和总收入设计的问题： 在一个封闭的小经济体中，当可支配收入等于 800 美元时，消费支出等于 800 美元；当可支配收入等于 1800 美元时，消费支出等于 1600 美元。假设这个小经济体的总价格水平和利率水平固定不变。 请根据以上条件回答下列问题： （1）经济体的消费函数是什么？ （2）假设经济体的计划投资支出等于 500 美元，并且无论其收入水平如何变化，该计划投资支出水平都不会改变。假设当前总支出水平等于 3000 美元。使用 NI-AE 模型，描述经济体会对该总支出水平产生什么反应。在你的答案中，阐述非计划存货投资支出和实际 GDP 水平会发生什么变化。 （3）假设计划投资支出仍等于 500 美元，当前总支出水平等于 4000 美元。使用 NI-AE 模型描述经济体会对该总支出水平产生什么反应。在你的答案中，阐述非计划存货投资支出和实际 GDP 水平会有什么变化。 （4）假设经济体的计划投资支出等于 500 美元，那么经济体的收支均衡是多少？ （5）如果政府增加 100 美元的购买支出，对总产出水平有多大影响？ 2．回顾前课 复习投资函数及曲线。 3．引入新课 引导学生回忆循环流量图。 4．展示问题 展示各小组上传的解题方案。 5．梳理知识点 绘制 NI-AE 模型图、计算三部门均衡产出、乘数理论、投资乘数、政府购买乘数、税收乘数、转移支付乘数、平衡预算乘数。 6．小组研讨 引导学生分组讨论问题的解决方案，教师巡回指导。 7．课堂测试题 （1）在没有政府和外国部门的模型中，如果将储蓄定义为 $S = -200 + (0.1)Y$，投资为 $I_0 = 200$，那么消费的均衡水平是（　　）。 　A．3800　　B．3600　　C．1800　　D．2000	1．小组讨论，上传解题方案。 2．板书写出方案。 3．选取两个小组分享解题思路及存在的问题。 4．听讲，思考，做笔记，学习课程知识。 5．小组修改方案，组间进行交流。 6．在"学习通"平台上答题。 7．绘制 NI-AE 模型图，写出 5 个乘数公式。

（2）可支配收入取决于哪些因素？（　　） 　　A．总产出　　　B．税收　　　C．政府的转移支付　　D．投资 （3）资源没有充分利用，增加 40 亿的投资，在储蓄倾向是 0.2 的情况下（　　）。 　　A．乘数是 1.25　　　　　　　B．乘数是 5 　　C．边际消费倾向是 0.8　　　D．国民收入增加 200 8．单元小结（略） 9．课外作业（略）

教学日志：本单元的知识点多，具有较强的综合性，对学生的计算、看图、绘图能力要求较高。通过各小组上传的解题方案可以看出，各小组不能完整地解答 5 个问题，大多数小组仅能解答第一问。由于 NI-AE 模型较为抽象，图形信息量多，教师在梳理知识点环节，针对学生出现的问题，使用了多种教学策略，如采用对话式教学策略，邀请学生一起来梳理知识点，指导学生绘制 NI-AE 模型，并解释各字母代表的含义。从答题环节来看，学生计算三个问题的正确率分别为 64.7% 、55.0%和44.2%，成绩仍不理想。大部分学生对理论知识的理解还是不够深入，对图形中各字母的含义在短时间内不能消化、吸收。

上述问题出现在教学实践过程中，反映出学生的抽象思维能力较弱，初等数学知识、英文基础较薄弱的情况。教师安排课后作业，帮助学生对知识加以练习和巩固，争取让更多的学生能绘制 NI-AE 模型，并能将其描述出来。

表 43　宏观经济学单元教学设计

单元名称	3-1 货币和银行理论	所属模块名称	3．货币、银行和货币政策	学时	2
知识与能力	掌握货币的定义；列举出历史上各种形式的货币；掌握货币的职能、货币存量的构成（M1，M2）；掌握准备金的定义；理解货币创造的过程；掌握影响货币乘数的因素；计算货币乘数				
教学内容	货币供给；存款货币创造的机制				
教学重点	货币；货币供给；基础货币				
教学难点	存款货币创造的机制				

教学过程	
教师活动	学生活动
1．课前预习 发布关于货币量的学习任务： 2019 年 7 月末，央行发布了数据：广义货币（M2）余额为 191.94 万亿元，同比增长 8.1%；狭义货币（M1）余额为 55.3 万亿元，同比增长 3.1%；流通中货币（M0）余额为 7.27 万亿元，同比增长 4.5%。 请根据以上信息回答下列问题： （1）货币的定义和货币的主要职能是什么？ （2）货币的层次是如何划分的？ （3）银行存款货币创造的过程是怎样的？ 2．回顾前课 复习 NI-AE 模型。 3．引入新课 介绍中央银行网站中货币供给的数据，引导学生思考。 4．展示问题 展示各小组上传的解题方案。 5．梳理知识点 梳理货币的定义及职能、货币层次、银行存款创造的过程等。 6．小组研讨 引导学生分组讨论针对中央银行的货币供给数据设计的问题，教师巡回指导。 7．课堂测试题 （1）判断题：货币供给量的多少完全取决于中央银行，与商业银行无关。（　　） （2）法定准备金率越高（　　）。 　A．银行越愿意贷款　　　　　B．货币供给量越大 　C．越可能引发通货膨胀　　　D．商业银行存款的创造越困难 （3）狭义货币 M1 由（　　）组成。 　A．活期存款　　　　　　　　B．中央银行发行的银行券 　C．银行准备金　　　　　　　D．流通中的现金	1．小组讨论，上传解题方案。 2．板书绘图。 3．听讲，思考，做笔记。 4．小组修改解题方案并进行展示。 5．在"学习通"平台上答题。 6．学生发言。

教学日志：课堂教学的每个环节都按照单元设计进行，学生能积极参与课堂活动，各小组组长能组织小组成员寻找解决问题的思路和方法。由于课堂时间有限，只能选取两个小组来分享解决问题的思路和方法。由于货币和银行理论在课本上的介绍很少，内容较为简略，因此，教师根据专业需要补充了货币和货币的主要职能、货币供给、划分货币层次、银行创造存款的机制，以及货币乘数等知识。在学习货币的主要职能时，教师引导学生思考货币经济与易货经济的区别，请学生分组讨论在易货经济中会存在哪些问题，分析货币经济是如何解决易货经济中存在的"需求的双重吻合"问题的，并对货币的主要职能进行深入探讨，明确货币在经济顺利运行过程中起到润滑剂的重要作用。

本单元的知识点和难点较少，识记内容较多，学生理解起来较为容易，但在理解多倍存款创造的机制时，存在一定的困难，学生不知道如何用语言表述银行存款的创造过程。在小组研讨环节，教师鼓励学生发言，对发言的学生给予积分奖励。最后，教师针对知识点设计了相关习题，以便评价学生的学习效果。

表 44　宏观经济学单元教学设计

单元名称	3-2 货币政策的目标和工具	所属模块名称	3. 货币、银行和货币政策	学时	4
知识与能力	掌握中央银行的职能、中央银行如何控制货币供给量；描述货币政策的目标和工具；能运用货币政策工具解释宏观经济政策对经济的影响				
教学内容	中央银行的职能；货币政策的目标和工具				
教学重点	货币政策的目标；货币政策的工具				
教学难点	中央银行如何控制货币供给量				
教 学 过 程					
教师活动				学生活动	
1．课前预习 发布学习任务： 下面是 M 国的中央银行和唯一的商业银行的 T 形账户。在 M 国，所有金融交易都发生在银行系统内，没人持有现金。中央银行规定的法定准备金率为 20%。				1．小组讨论，制作课件。 2．回答课前教师布置的问题。	

中央银行	
资产	负债
短期国库券 20000	准备金 20000
总资产 20000	总负债 20000

商业银行	
资产	负债
法定准备金 20000	存款 100000
贷款 70000	资本 20000
短期国库券 30000	—
总资产 120000	总负债与资本 120000

假设 M 国的中央银行从商业银行处买入 2000 美元的短期国库券。请根据以上条件回答下列问题：

（1）在 T 形账户中展示这项交易对中央银行和商业银行的即时影响。区分商业银行的法定准备金和超额准备金。

（2）在 T 形账户中展示商业银行贷出其超额准备金，并且在货币乘数过程中做出调整的情况。

（3）中央银行从商业银行处购入 2000 美元的短期国库券会对货币供应量产生什么影响？

（4）货币供应量的变化和货币乘数有何联系？

（5）基础货币起初是多少？

（6）中央银行的货币政策发挥作用后，基础货币是多少？

2．回顾前课

复习有关货币的基本概念。

3．引入新课

引入近期中央银行的货币政策，激发学生思考。

4．小组展示

听取各小组汇报课前已安排的货币政策问题，记录各小组的汇报情况。

5．梳理知识点

基础货币、货币乘数、法定准备金和超额准备金、货币政策工具等。

6．小组提问（略）

3．小组研讨、分享。

4．各小组演示学习成果，互评。

5．听讲，思考，做笔记。

6．提问，记录教师的解答。

7．回忆基础货币的构成、货币政策工具。

教学日志：本单元的学习内容是货币政策的目标和工具，现实问题具有综合性。教师提前为各小组安排问题，课堂上各小组代表进行课堂演示，其他小组进行评分，各小组能够按照学习要求完成学习任务。在课堂演示过程中，教师发现各小组的 PPT 制作水平比以前进步很多，字号合适，放映设置了动画，在 PPT 中穿插了简短的新闻链接，能够把所展示的问题清晰地呈现在课件中，也能够结合单元知识点进行讲解。教师在点评环节，用框架图对本单元的知识点进行了小结，使学生明确中央银行实施货币政策的目的；学会如何运用货币政策工具（如公开市场操作、贴现政策和法定准备金率等）来调控基础货币；了解基础货币的变动会通过货币乘数的作用影响货币供应量，货币供应量的变动又导致利率、汇率发生变化，从而引起消费、投资和出口的变化，引起总需求发生变动，最终影响到产出、物价和就业等。如下图所示：

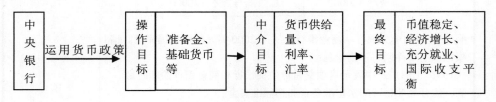

总体而言，各小组表现良好，不足的是小组代表在展示过程中不能很好地体现小组成员的参与度。采取小组汇报的方式进行学习，能够培养学生的团队协作精神，提高学生的逻辑思维能力和语言表达能力；对于现实问题的探索能激发学生学习的兴趣，并有利于达成教学的高阶认知目标。

表 45　宏观经济学单元教学设计

单元名称	4-1 产品市场均衡：IS 曲线	所属模块名称	4. IS-LM 模型分析	学时	2
知识与能力	复述 IS 曲线；解释影响 IS 曲线移动的因素；具备一定的作图分析能力；分析政府的财政政策对总产出的影响				
教学内容	产品市场均衡；IS 曲线及其推导；IS 曲线的斜率及其决定因素；IS 曲线的移动				
教学重点	产品市场均衡；IS 曲线及其推导				
教学难点	IS 曲线的斜率及其决定因素；IS 曲线的移动				

教学过程	
教师活动	**学生活动**
1．课前预习 发布关于产品市场的学习任务： 将下表中每项利率与对应的投资支出、总需求和均衡产出水平匹配在一起。根据数据绘制 NI-AE 模型图，并构建 IS 曲线。<table><tr><td>r</td><td>I</td><td>Y^{ad}</td><td>Y^*</td></tr><tr><td>3%</td><td>100</td><td>1000＋0.75Y</td><td>4000</td></tr><tr><td>8%</td><td>200</td><td>800＋0.75Y</td><td>2800</td></tr><tr><td>2%</td><td>400</td><td>700＋0.75Y</td><td>3200</td></tr></table>2．回顾前课 复习总支出与总收入、投资与储蓄的关系。 3．引入新课 引导学生思考利率与国民收入的关系。 4．展示问题 展示各小组上传的解题方案。 5．梳理知识点 IS 曲线的定义、图形、方程、影响 IS 曲线移动的因素等。 6．小组研讨 引导各小组讨论针对产品市场设计的问题，教师巡回指导。 7．课堂测试题 （1）自发投资的支出增加 10 亿美元，会使 IS 曲线（　　）。 　A．右移 10 亿美元 　B．左移 10 亿美元 　C．右移支出乘数乘以 10 亿美元 　D．左移支出乘数乘以 10 亿美元 （2）给定消费 C=40＋0.8Yd，净税收 T=20，投资 I=70−400r，净税收增加 10 单位使 IS 曲线（　　）。 　A．右移 10 单位　　　　B．左移 10 单位 　C．右移 40 单位　　　　D．左移 40 单位	1．小组讨论，上传解题方案。 2．发言。 3．选取三个小组分享解答思路及存在的问题。 4．听讲，思考，反馈。 5．小组对已完成的方案进行修改完善，组间进行交流。 6．在"学习通"平台上答题。

教学日志：课堂教学环节按照单元设计进行，学生能积极参与课堂活动，各小组组长能够组织小组成员寻找解决问题的思路和方法。教师随机选择 3 个小组进行分享。由于产品市场均衡的分析内容多，如 IS 曲线的定义、图形、方程，以及影响 IS 曲线移动的因素，这些内容对学生的逻辑思维能力要求较高。由于此部分内容的图形信息量多，针对知识点的特征，教师采用演示法、小组研讨等教学策略，引导学生积极参与课堂教学，使学生能够根据凯恩斯交叉图绘制 IS 曲线图，写出 IS 曲线方程，分析财政政策对 IS 曲线的影响。

从随堂检测结果来看，学生答题的不及格率为 38%，这反映出还是有部分学生没能达到教学的要求。教师应针对这些学生的情况，在课后通过"学习通"平台进行指导。

表 46 宏观经济学单元教学设计

单元名称	4-2 货币市场均衡：LM 曲线	所属模块名称	4．IS-LM 模型分析	学时	2
知识与能力	复述 LM 曲线，并解释其意义；解释影响 LM 曲线移动的因素；具备一定的作图分析能力；分析货币政策对总产出的影响				
教学内容	利率的决定；LM 曲线				
教学重点	利率的决定；LM 曲线				
教学难点	图示利率的决定因素；货币市场均衡图				
教学过程					

教师活动	学生活动
1．课前预习 发布关于货币市场的学习任务： 假设央行以确定联邦基金目标利率为政策手段。在货币供给不变的情况下，假设在每一利率水平下货币需求都有所增加，如果央行想保持联邦基金利率不变，央行该怎么做？作图说明。 2．回顾前课 复习 IS 曲线的知识点。 3．引入新课 提问：利率是如何决定的？人们为什么需要货币？引导学生思考。	1．小组讨论，上传解题方案。 2．回答问题。 3．选取两个小组分享解题思路及存在的问题。 4．听讲，思考，记录知识点。 5．各小组修改、完善解题方案，组间交流。 6．在手机端完成作业。 7．绘制本单元的知识结构图。

4．展示问题

展示各小组上传的解题方案。

5．梳理知识点

货币需求、货币需求的动机、流动性陷阱理论、货币市场均衡图、LM曲线等知识点。

6．小组研讨

引导学生分组讨论针对货币市场设计的问题，教师巡回指导。

7．课堂测试题

（1）假定货币供给量和价格水平不变，货币需求为收入和利率的函数，则收入增加时（　　）。

　　A．货币需求增加，利率上升

　　B．货币需求增加，利率下降

　　C．货币需求减少，利率上升

　　D．货币需求减少，利率下降

（2）投机性货币需求的理论表明（　　）。

　　A．利率越高，债券价格越低，人们预期债券价格越会下降，因而不愿购买更多债券

　　B．利率越高，债券价格越低，人们预期债券价格回涨的可能性越大，因而越是愿意购买更多债券

　　C．利率越低，债券价格越高，人们为购买债券需要的货币就越多

　　D．利率越低，债券价格越高，人们预期债券价格可能还要上升，因而希望购买更多债券

（3）若 LM 方程为 $Y=750+2000r$，当货币需求与供给均衡时，利率和收入为（　　）。

　　A．$r=10\%$，$Y=750$　　　　　　B．$r=10\%$，$Y=800$

　　C．$r=10\%$，$Y=950$　　　　　　D．$r=10\%$，$Y=900$

教学日志： 本单元的教学内容是关于货币市场均衡的知识，知识点多，知识点之间的递进关系很显著。教师在组织教学时，要明确本单元的教学目标，以及如何有效地开展教学活动，帮助学生完成学习任务，用什么方式了解到学生已经学会了。在课堂教学时，教师需要用多种教学策略引导学生积极参与课堂活动，帮助各小组组长组织小组成员寻找解决问题的思路和

方法。

货币市场均衡分析与产品市场均衡分析两部分内容的学习方法相似，图形信息量多，难度系数非常接近，对学生的逻辑思维能力要求较高。为了使学生在脑海中构建流动性偏好理论与 LM 曲线之间的关系，教师应针对学生的课堂学习情况，采取灵活的教学策略。比如，在学习根据货币市场均衡图推导出 LM 曲线时，教师要放慢节奏，板书进行线条的演示，或者采用 PPT 动画的形式，逐一放映每一个线条，或者采用对话式的教学策略，鼓励学生主动思考。

在教师演示完以后，请各小组进行研究讨论，并绘图，教师巡回指导，这使沉闷的知识难点的学习变成欢快的小组研讨活动。小组研讨模式既能使学生学到经济理论知识，又能激发学生之间的交流兴趣，很好地培养了学生的团队协作能力，提高了学生的逻辑思维能力和语言表达能力。

表 47　宏观经济学单元教学设计

单元名称	4-3　IS-LM 模型	所属模块名称	4. IS-LM 模型分析	学时	2
知识与能力	计算产品市场和货币市场均衡时的利率和总产出水平；分析 IS 曲线和 LM 曲线移动时对均衡点的影响				
教学内容	IS-LM 模型；均衡与失衡分析；均衡的自动调节				
教学重点	IS-LM 模型				
教学难点	均衡与失衡分析				
教学过程					
教师活动			学生活动		
1. 课前预习 发布关于货币市场和产品市场实现同时均衡的学习任务： 假设一个只有家庭和企业的两部门经济中，消费 $c=100+0.8y$，投资 $i=150-6r$，货币供给 $M=150$，货币需求 $L=0.2y-4r$（单位都是亿美元）。 请根据以上条件回答下列问题： （1）求 IS 和 LM 曲线。 （2）求产品市场和货币市场同时均衡时的利率和收入。 （3）如果增加到三部门经济，政府增加 200 亿美元的购买支出，对均衡利率和收入有什么影响？ 2.　回顾前课 复习影响 IS、LM 曲线移动的因素。			1.　小组讨论，制作课件。 2.　发言。 3.　各小组演示分析成果，小组间互评。 4.　听讲，思考，做笔记。 5.　学生提问，记录教师的解答。		

3．引入新课 如果产品市场和货币市场实现了共同均衡，我们应该怎样来分析呢？ 4．小组展示 听取各小组汇报课前已安排的学习任务，记录各小组的汇报情况。 5．梳理知识点 对两个市场同时均衡的知识点进行梳理。 6．小组提问 教师解答学生仍存在的疑惑。 7．单元小结（略） 8．课外作业（略）	6．分析财政政策和货币政策对 IS-LM 模型的影响。

教学日志：本单元的学习内容是产品市场和货币市场均衡分析。教师给各小组提前安排综合性的问题。课堂上各小组代表进行课堂演示，其他小组进行评分。各小组能按照学习要求完成学习任务。在课堂的演示过程中，各小组 PPT 动画的制作水平有了很大的进步，字号适中。但在课程知识展示方面，各小组没能区分重点和难点，不能很好地展示小组成员讨论的结果；在表达方面，各小组成员的水平有了较大的提高，同学之间能进行互动交流，对其他小组的提问进行解释。

采取小组汇报的方式进行学习，有助于使学生掌握分析经济问题的程序和步骤，锻炼了学生的作图分析问题能力，很好地培养了学生的团队协作能力，提高了学生的逻辑思维能力和语言表达能力，有助于教学目标的达成。

表48　宏观经济学单元教学设计

单元名称	5-1 总需求	所属模块名称	5．总需求和总供给分析	学时	2
知识与能力	推导总需求曲线；解释影响总需求曲线移动的因素；具备一定的作图和计算能力					
教学内容	总需求；总需求曲线；总需求曲线的移动					
教学重点	总需求曲线的推导					
教学难点	影响总需求曲线移动的因素					
教学过程					
教师活动				**学生活动**	

1．课前预习 发布关于总需求的学习任务： 请判断以下事件对总需求的影响，并解释是总需求曲线上的点沿着曲线移动，还是曲线本身移动。 （1）货币政策变化引起利率水平提高； （2）价格水平提高导致经济中货币的实际价值下降； （3）未来就业市场前景不妙； （4）税率下调； （5）价格水平下降导致经济中资产的实际价值上升； （6）由于不动产的价格剧烈上升，经济中资产的实际价值上升。 2．回顾前课 绘制 IS-LM 模型图，复习影响 IS、LM 曲线移动的因素。 3．引入新课 引导学生思考价格水平与国民收入的关系。 4．展示问题 展示各小组上传的解题方案。 5．梳理知识点 总需求的含义、AD 曲线图、影响 AD 曲线移动的因素。 6．小组研讨 引导学生分组讨论针对总需求设计的问题，教师巡回指导。 7．课堂测试题 教师板书列出几个问题，请各小组上台演示。 8．单元小结（略） 9．课外作业（略）	1．小组讨论，上传解题方案。 2．板书作图演示。 3．两个小组分享解题思路及存在的问题。 4．听讲，思考，发言，做笔记。 5．各小组研讨，修改、完善方案，组间进行交流。 6．完成作业。

教学日志：本单元的学习内容是关于总需求曲线的知识。总需求分析需要结合前面各章学习的知识点进行学习，是综合性问题。如果学生对前面的知识点掌握得不够扎实，对这一章的学习就会比较困难。教师在回顾前课环节，针对本单元的教学内容设计复习任务。在解释 AD 曲线为什么向右下方倾斜时，引导小组讨论、分享观点。

分析影响总需求曲线移动的因素时，教师在黑板上演示一个案例，分别写出其他因素，让各小组进行分析。在学习评价设计方面，教师根据知识目标和能力目标以及学生容易出现的问题，来设计练习题。

教师从答题情况可以看出学生是否已经学会了这部分内容。灵活的教学策略有助于促进学生的思考，鼓励学生参与课堂活动，使学生在课堂上动起来、忙起来。小组研讨模式使学生之间有了更多的交流，锻炼了学生的动手能力、逻辑思维能力和语言表达能力，激发了学生学习的兴趣，有助于教学目标的达成。

表 49 宏观经济学单元教学设计

单元名称	5-2 总供给	所属模块名称	5．总需求和总供给分析	学时	2
知识与能力	区分长期总供给曲线和短期总供给曲线；解释影响总供给曲线移动的因素；具备一定的作图分析能力				
教学内容	总供给；短期总供给曲线；短期总供给曲线的移动；长期总供给曲线；短期均衡到长期均衡的调整				
教学重点	总供给；短期和长期总供给曲线				
教学难点	影响总供给曲线移动的因素				
教学过程					
教师活动			**学生活动**		
1．课前预习 发布关于总供给的学习任务： 解释以下发生在我国的事件对总供给曲线的影响，并作图表示。 （1）石油价格上涨。 （2）美国企业将其客户服务和信息技术外包给中国。 （3）我国的货币工资率上升。 （4）我国的价格水平上升。 2．回顾前课 绘制 AD 曲线，复习影响 AD 曲线移动的因素。 3．引入新课 通过讲述石油价格上涨的情况，引导学生思考价格水平变化与总供给之间的关系。 4．展示问题 展示各小组上传的解题方案。 5．梳理知识点 总供给的含义、短期总供给和长期总供给、影响总供给曲线移动的因素等。			1．小组讨论，上传解题方案。 2．小组代表以 PPT 课件的形式进行演示汇报。 3．选取两个小组分享解题思路及存在的问题。 4．听讲，思考，学习课程知识。 5．各小组讨论，修改、完善方案，组间交流。 6．完成"学习通"平台上的任务。		

6．小组研讨 引导学生分组讨论针对总供给设计的问题，教师给予指导。 7．课堂测试题 （1）以价格为纵轴、收入为横轴的坐标系中，长期供给曲线是一条（　　）。 　　A．与横轴平行的线　　　　B．向右上方倾斜的曲线 　　C．向右下方倾斜的曲线　　D．与横轴垂直的线 （2）短期总供给曲线表明（　　）。 　　A．总需求与价格水平同方向变动 　　B．总需求与价格水平反方向变动 　　C．总供给与价格水平同方向变动 　　D．总供给与价格水平反方向变动	

教学日志：本单元的学习内容是关于总供给曲线的知识，知识点包括短期总供给曲线和长期总供给曲线，以及影响总供给曲线移动的因素。学生已经学完了微观部分的生产函数，理解这一单元的知识相对比较容易，课堂上大多数学生能够积极参与课堂活动，能够按时完成教师安排的学习任务。

教师根据教学目标设计几个经济问题，让各小组进行讨论，然后选择小组分享解决问题的思路和方法。在分享的过程中，教师记录各组出现的问题，对学生理解错误的典型知识点进行讲解，对学生提出的问题进行解答。在单元小结环节，教师在黑板上列出影响总供给的因素，让学生来分析 AS 曲线移动的方向，借此检验学生的学习效果。

表 50　宏观经济学单元教学设计

单元名称	5-3 AD-AS 模型分析	所属模块名称	5．总需求和总供给分析	学时	2
知识与能力	解释总需求和总供给的波动如何影响经济周期；理解如何实现充分就业；运用 AD-AS 模型解释现实事件对经济的影响				
教学内容	宏观经济均衡分析；总供求模型的长短期分析				
教学重点	宏观经济均衡分析				
教学难点	总供求模型的长短期分析				

续表

教学过程	
教师活动	学生活动
1．课前预习 发布关于需求冲击和供给冲击对经济的影响的学习任务： 2020 年，由于经济的波动，全国最终消费支出拉动国内生产总值下降 0.5 个百分点，资本形成总额拉动国内生产总值增长 2.2 个百分点，货物和服务净出口总额拉动国内生产总值增长 0.7 个百分点。 请运用 AD-AS 模型解释这些事件共同对我国经济产生的影响。 2．回顾前课 复习影响 AD、AS 曲线移动的因素。 3．引入新课 引导学生思考总需求曲线和总供给曲线结合在一起，能帮助我们分析哪些现实经济问题。 4．小组展示 听取各小组汇报课前已安排的学习任务，记录各小组的汇报情况。 5．梳理知识点 对 AD-AS 模型的知识点进行梳理。 6．小组提问 解答学生仍然存在的疑惑。 7．单元小结（略） 8．课外作业（略）	1．小组讨论，制作课件。 2．回答课前教师布置的问题。 3．各小组演示分析成果，小组互评。 4．听讲，思考，做笔记。 5．提问，记录教师的解答。 6．绘制 AD-AS 模型图，列出影响 AD 和 AS 曲线移动的因素。

教学日志：本单元的学习内容是总供求模型分析，属于综合性问题。教师提前安排学习任务给各小组，课堂上各小组代表进行课堂演示，其他小组根据课堂演示评价量表进行评分，最后公布各小组的得分，对得分最高的小组进行表扬，针对得分最低的小组，分析其得分低的原因。在课堂演示过程中，有了前几次的汇报经历，各小组在语言表达、课件制作及眼神交流这几个评价指标上都有了很大进步，特别是在语言表达方面进步明显。教师记录各小组的情况，并进行点评。在单元小结环节，教师帮助学生梳理本单元的知识点。在分析此类问题时，要特别注意作图分析三步法的运用：第一步，

画出原来的均衡图，用对应的字母标出均衡点；第二步，分析这些因素影响哪条曲线，是使它增加还是减少；第三步，找出新的均衡点，比较它与原来的均衡点之间的差异。

采取小组汇报的方式进行学习，使学生明确了分析经济问题的程序和步骤，锻炼了学生作图分析问题的能力，很好地培养了学生的团队协作能力，提高了学生的逻辑思维能力和语言表达能力，有助于教学目标的达成。

表 51　宏观经济学单元教学设计

单元名称	6-1 IS-LM 模型的财政政策和货币政策效力分析	所属模块名称	6. 宏观经济政策实践	学时	4
知识与能力	解释货币政策和财政政策的调整如何影响利率和总产出的均衡水平；具备运用 IS-LM 模型对经济形势做出预测的能力				
教学内容	宏观经济政策目标；财政政策和货币政策；IS-LM 模型的财政政策和货币政策效力分析				
教学重点	财政政策；货币政策				
教学难点	IS-LM 模型中的财政政策和货币政策的效力分析				

教学过程	
教师活动	**学生活动**
1．课前预习 发布学习任务： 2020 年，全球经济陷入低迷状态，我国中央政府和中央银行应采取哪些措施以减轻经济衰退的严重程度？（运用 IS-LM 模型进行分析） 2．回顾前课 复习 AD-AS 模型的知识点。 3．引入新课 结合当前政府实施的财政政策和货币政策，引导学生思考这些政策对经济的影响。 4．展示问题 展示各小组上传的解题方案。 5．梳理知识点 与学生一起梳理财政政策和货币政策相关的知识点。	1．小组讨论，上传解题方案。 2．发言。 3．选取两个小组分享解题思路及存在的问题。 4．听讲，思考，做笔记。 5．各小组讨论，修改、完善解题方案，组间交流。 6．总结财政政策和货币政策工具。

续表

| 6. 小组研讨
指导各小组讨论针对财政政策和货币政策设计的问题。
7. 单元小结（略）
8. 课外作业（略） | |

教学日志： 本单元的学习内容是宏观经济政策实践，知识点多，如财政政策工具、货币政策工具的理解，以及运用 IS-LM 模型解释财政政策和货币政策的效应等。本单元设计的问题具有综合性，如果学生对前面的知识点掌握得不够扎实，则对这一章的学习就比较困难。教师在回顾前课环节，针对本单元的教学内容设计复习任务；在教学环节，教师根据教学目标，安排教学活动，设计评价方案；针对综合性问题，教师由简单到复杂，逐步引导小组探索、分享观点。

在运用 IS-LM 模型时，教师邀请学生到讲台上进行演示。在政策实施环节，教师让学生采用角色扮演的方式，运用不同的财政政策和货币政策工具，分析其对经济的影响。在学习评价设计方面，教师根据知识目标和能力目标，以及学生容易出现的问题，进行练习题的设计。

从答题情况可以看出学生是否已经学会了这部分内容。灵活的教学策略有助于激发学生思考，鼓励学生参与课堂活动，使学生在课堂上动起来、忙起来。小组研讨模式使学生之间有了更多的交流，锻炼了学生的动手能力、逻辑思维能力和语言表达能力，激发了学生的学习兴趣，有助于教学目标的达成。

表 52　宏观经济学单元教学设计

单元名称	7-1 失业和通货膨胀	所属模块名称	7. 失业和通货膨胀	学时	4
知识与能力	定义通货膨胀和失业，并计算通货膨胀率和失业率；阐述通货膨胀和失业的类型；解释通货膨胀的原因；理解菲利普斯曲线，以及通货膨胀与失业之间的短期替代关系；能够分析导致通货膨胀和失业的原因，并具备提出有效地解决问题的能力				
教学内容	失业；失业的影响；通货膨胀；通货膨胀的类型、原因及影响				
教学重点	失业的类型和原因；通货膨胀的类型和原因				

教学难点	计算失业率；计算通货膨胀率；通货膨胀对经济的影响	
教学过程		
教师活动		学生活动
1．课前预习 通过"学习通"平台发布关于我国失业和通货膨胀的学习任务： 2019 年末，全国城镇调查失业率为 5.2%，城镇登记失业率为 3.6%，全年居民消费价格比上年上涨 2.9%；2020 年末，全国城镇调查失业率为 5.2%，城镇登记失业率为 4.2%，全年居民消费价格比上年上涨 2.5%；2021 年末，全国城镇调查失业率为 5.1%，城镇登记失业率为 3.96%，全年居民消费价格比上年上涨 0.9%。 请根据以上条件回答下列问题： （1）失业率和通货膨胀率是如何计算的？ （2）失业对家庭、经济和社会有什么影响？ （3）通货膨胀的类型有哪些？对家庭、经济和社会有什么影响？ 2．回顾前课 复习失业和通货膨胀的概念。 3．引入新课 链接国家统计局网站，展示近几年的失业率及通货膨胀率数据，激发学生思考失业和通货膨胀对经济的影响。 4．展示问题 展示各小组上传的解题方案。 5．梳理知识点 梳理失业的类型，影响失业的因素，失业对家庭、社会和经济的影响，通货膨胀的类型，通货膨胀对经济、社会的影响等知识点。 6．小组研讨 引导学生分组讨论针对失业和通货膨胀设计的问题，教师巡回指导。 7．课堂测试题 （1）由于经济萧条而造成的失业属于（　　）。 　A．摩擦性失业　　　　　　　　B．结构性失业		1．小组讨论，上传解题方案。 2．发言。 3．选取两个小组分享解题思路及存在的问题。 4．听讲，思考，做笔记。 5．小组修改、完善学习成果，组间进行交流。 6．在"学习通"平台上答题。

续表

C．周期性失业　　　　　　　　D．永久性失业 （2）如果名义利率是 10%，通货膨胀率是 20%，则实际利率是（　　）。 　A．0.1　　　　B．－0.1　　　C．0.3　　　　D．－0.3 （3）一般而言，通货膨胀会使（　　）。 　A．债权人受益，债务人受损　B．债权人受损，债务人受益 　C．债权人和债务人都受益　　D．债权人和债务人都受损 8．单元小结（略） 9．课外作业（略）	

教学日志：教师根据学习目标，链接国家统计局网站，给学生展示我国近几年的失业和通货膨胀的数据，并设计关于失业和通货膨胀的问题，各小组进行讨论，然后选取小组分享。重点引导各小组分析失业和通货膨胀对个人、经济和社会的影响。

本单元的知识点比较容易理解，大多数学生能结合个人和社会的经济情况发表自己的观点，随堂检测结果可以反映出 88%的学生学会了知识点。小组研讨的教学策略，锻炼了学生的表达能力和分析问题的能力。

表 53　宏观经济学单元教学设计

单元名称	8-1 长期经济增长	所属模块名称	8．经济增长	学时	4
知识与能力	描述衡量长期经济增长的指标；理解生产率是长期经济增长的关键；解释各国经济增长率何以不同的原因；具备一定的衡量各国经济水平的能力				
教学内容	经济增长；经济增长的直接原因；经济增长的根本原因				
教学重点	经济增长				
教学难点	经济增长的根本原因				
教学过程					
教师活动			学生活动		

1．课前预习
发布关于经济增长的学习任务：
中国人均实际 GDP 的增长趋势是从 1980 年前的年均 2.2%到 1980 年后的年均 8.7%。在 2009 年，中国的产出增加了 8.7%，在 2019 年，中国的产出增加了 6.9%。
请根据以上条件回答下列问题：
（1）说明中国经济增长率的提升和一个临时的周期性扩张之间的区别。
（2）如果保持 8.7%的增长速度，中国需用多长时间实现人均实际 GDP 翻一番？
（3）分析中国经济保持持续增长的原因。
2．回顾前课
复习失业对社会经济的影响。
3．引入新课
结合当前我国鼓励生育三孩的政策，激发学生思考。
4．展示问题
展示各小组上传的解题方案。
5．梳理知识点
梳理经济增长的概念、经济增长的根本原因和直接原因、经济增长模型等知识点。
6．小组研讨
引导学生分组讨论针对经济增长设计的问题，教师巡回指导。
7．课堂测试题
（1）经济增长的标志是（   ）。
  A．失业率下降   B．先进技术的广泛运用
  C．社会生产能力不断提高   D．城市化速度加快
（2）经济增长的源泉是（   ）。
  A．劳动与资本   B．技术进步
  C．A 与 B   D．以上都不是
（3）判断题：技术进步率包含除资本、劳动力之外所有影响产出的因素，因此也被称为"全要素生产率(TFP)"。
（   ）
8．单元小结（略）
9．课外作业（略）
	1．小组讨论，上传解题方案。
	2．发言，畅谈自己的想法。
	3．选取两个小组分享解题思路及存在的问题。
	4．听讲，思考，做笔记。
	5．各小组修改、完善已完成的方案，小组之间交流。
	6．答题。
	7．写出索罗增长模型的公式。

教学日志：教师根据学习目标设计教学课件，列举发达国家和发展中国家经济增长的数据，启发学生思考导致经济增长存在差异的原因，并设计有关经济增长的问题，让各小组进行讨论，然后选取小组分享。在分享的过程中，教师记录各组出现的问题，对学生理解错误的典型知识点进行讲解，对学生提出的问题进行解答。经济增长理论的知识点多，难度大，各种经济增长模型的学习对学生数学基础知识的掌握程度要求较高。讲授这一单元时，教师要结合各专业的人才培养目标、课程要求，安排教学内容，结合学生的特征，选取学生愿意配合的教学策略，引导学生积极参与课堂教学互动环节，主动思考、发言。

表 54　宏观经济学单元教学设计

单元名称	9-1 国际收支与汇率	所属模块名称	9. 开放经济的宏观经济学	学时	2
知识与能力	描述一个国家的国际收支账户平衡表，并且解释国际借贷的数量的决定因素；解释汇率的决定因素以及它的波动原因；具备一定的分析图表的能力				
教学内容	国际收支；净出口；汇率；国际收支平衡表				
教学重点	净出口；国际收支；汇率				
教学难点	国际收支平衡表				
教学过程					
教师活动			**学生活动**		
1．课前预习 发布学习任务： 下表是我国近几年货物和服务的净出口数据（单位：亿元）： | 年份	出口	进口 | | 2017 | 163847 | 149268 | | 2018 | 175694 | 168640 | | 2019 | 182470 | 171072 | | 2020 | 188805 | 162275 |			1．小组讨论，制作课件。 2．发言。 3．各小组演示分析成果，小组互评。 4．听讲，思考，做笔记。 5．提问，记录教师的解答。		

请根据以上信息回答下列问题： （1）计算净出口数值。 （2）区分经常账户和资本账户。 （3）列举近几年兑换美元的汇率。 2．回顾前课 复习经济增长的直接原因。 3．引入新课 介绍我国近几年的进出口情况，引导学生思考。 4．小组展示 听取各小组汇报课前安排的学习任务，记录各小组的汇报情况。 5．梳理知识点 梳理国际收支的含义、经常账户和资本账户、汇率、货币升值和贬值等知识点。 6．小组提问 解答学生仍然存在的疑惑。 7．课堂测试题 （1）汇率有哪两种标价方法?（　　　） 　　A．直接标价法，用一单位外国货币的本国货币的买价表达 　　B．间接标价法，用一单位外国货币的本国货币的买价表达 　　C．间接标价法，用一单位本国货币的外国货币的买价表达 　　D．直接标价法，用一单位本国货币的外国货币的买价表达 （2）判断题：如果本国货币升值，可以使本国的进口增加，出口减少。（　　　）	6．区分经常账户和资本账户、货币升值和货币贬值。

教学日志：本单元的知识目标是使学生对开放经济的宏观经济学有所了解，重点在于实现能力目标和素养目标。教师根据学习目标，链接国家统计局网站，展示我国近几年的进出口业务情况，并设计经济问题，将问题提前安排给各小组；各小组代表进行课堂演示，其他小组根据课堂演示评价量表进行评分；最后，教师公布各小组的得分，对得分最高的小组进行表扬，对得分最低的小组，分析其得分低的原因。在课堂演示过程中，有了前几次的汇报经历，各小组在语言表达、课件制作及眼神交流这几个评价指标上都有

了很大进步，特别是在语言表达方面进步明显。由于本单元知识点的难度较大，大多数小组很难把握重难点，因此不能深入结合知识点解答问题。在单元小结环节，教师重点帮助学生梳理本单元的知识点，使学生加深对经济理论知识的理解。采取小组汇报的方式进行学习，使学生明确了分析经济问题的程序和步骤，锻炼了学生作图分析问题的能力，很好地培养了学生的团队协作能力，提高了学生的逻辑思维能力和语言表达能力，有助于教学目标的达成。

第四节　问题导向教学法的教学评价与教学管理

一、学习评价方案

课程考核以检测学生的学习投入程度和学习成果为中心，采取与能力本位教学相匹配的考核评价体系，激发学生的学习兴趣，使学生不仅仅注重期末考试成绩，更注重平时学习过程的投入。课程评价方案分为形成性评价和终结性评价两类。依据单元教学目标和教学活动的一致性，设计具有可行性、可控性和可检测性的形成性评价方案。在设计形成性评价方案时，主要考查学生平时的学习投入量和素质目标是否实现。在课程教学结束后，根据课程目标设计总结性评价方案，主要考查学生的知识目标和能力目标是否实现。

（一）学生参与类的评价标准 （20%）

1. 出勤及课堂表现成绩

（1）权重为 10%。（2）评价方法与策略是通过"学习通"平台签到，进行统计。为检测学生理解、运用知识的能力，通过"学习通"平台选择学生或使用抢答功能，请学生回答问题或学生主动回答。（3）评价标准：学生每迟到或早退 1 次，总成绩扣 1 分；每旷课 1 次，总成绩扣 5 分；一学期旷

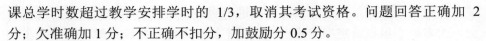

课总学时数超过教学安排学时的 1/3，取消其考试资格。问题回答正确加 2分；欠准确加 1 分；不正确不扣分，加鼓励分 0.5 分。

2．作业成绩

（1）权重为 10%。（2）评价方法与策略是通过"学习通"平台的作业功能布置 5 次个人作业，对学生的作业进行全班评阅。其他作业结合学习活动形成小组作业，教师检查。（3）评价标准是"学习通"平台中的评分标准。

（二）阶段性考核类的评价标准 （30%）

1．学生汇报类成绩

（1）权重为 14%。（2）评价方法与策略是小组互评和教师评价。在评价的过程中，小组互评的权重为 90%，教师评价占 10%。两次汇报，每次汇报占总权重的 7%。（3）评价标准依据课堂演示评价量表。

2．小组讨论类成绩

（1）权重为 6%。（2）评价方法与策略是小组自评，由小组长对组员进行评价。每次讨论活动的权重为 1%。（3）评价标准依据小组工作评价量表。

3．中期检测成绩

（1）权重为 10%。（2）评价方法与策略是通过"学习通"平台的考试功能安排中期检测。在学期中期进行。（3）评价标准是"学习通"平台中的评分标准。

（三）终结性考核评价标准（50%）

（1）权重为 50%。（2）评价方法与策略是采用期末闭卷考试的形式。题型为选择题、名词解释、判断题、简答题、计算题、作图分析、论述题等，不少于 5 种题型。（3）评价标准依据期末试卷的评分标准。

表 55 学习评价归纳表

考核类型	考核项目	权重（%）	评价标准	提交日期
学生参与类	出勤和课堂表现	10	学生参与类评价标准	随堂提交
	作业	10	学生参与类评价标准	下节课前上交
阶段性考核类	学生汇报活动	14	课堂演示评价量表	随堂记录
	小组讨论活动	6	小组工作评价量表	学期末上交
	中期检测	10	"学习通"平台评分标准	随堂提交
终结性考核类	期末考试	50	期末试卷评分标准	统一考试，统一提交

表 56 课堂演示评价量表

班级：   小组：   组长：

评价项目	最高分值	评价标准	分值	小组互评（90%）	教师评价（10%）	得分
语言表达	30	学生课堂演示逻辑混乱，听众无法理解；学生口齿不清，发音不准，声音太小，后面的学生听不清	≤8			
		学生课堂演示逻辑跳跃过大，听众理解有困难；学生声音低，发音不准	≤15			
		学生课堂演示逻辑清楚，听众能理解；学生口齿清晰，大部分词语发音准确，绝大部分听众能听清	≤22			
		学生课堂演示逻辑清楚，生动有趣，听众能理解；学生口齿清晰，发音标准，听众能听清	≤30			
课程知识	30	学生未掌握相关知识，未能回答与课程内容相关的问题	≤8			
		学生对相关知识不熟悉，仅能回答一些初级问题	≤15			

评价项目	最高分值	评价标准	分值	小组互评（90%）	教师评价（10%）	得分
课程知识	30	学生能自如解答所有问题，但是答案不够准确	≤22			
		学生能详细、准确地解答同学提出的所有问题，完全掌握所学内容	≤30			
课件制作	20	学生的课件有两处或两处以上的错误，字号太小，使用了不必要的图表，或者根本没有图表	≤5			
		学生的课件有一处错误，字号比较小，使用的图表未能对文本和内容起支撑作用	≤10			
		学生的课件没有错字，字号较大，使用的图表和演示内容相通	≤15			
		学生的课件没有错字，字号大而清晰，美观而简洁，使用的图表阐释并强化了演示文本的内容	≤20			
眼神交流	20	学生全程读稿，没有眼神交流	≤5			
		学生大部分时间在读稿，只偶有眼神交流	≤10			
		学生大部分时间与听众进行眼神交流，依然频繁转头看文本	≤15			
		学生一直与听众进行眼神交流，很少转头看文本	≤20			

表 57 小组工作评价量表

班级： 小组： 姓名： 组长：

评价项目	最高分值	评价标准	分值	得分
小组贡献	30	参与小组和课堂讨论时常提出有用的观点，是绝对的领导者，付出了很多努力	≤30	
		参与小组和课堂讨论时常提出有用的观点，是强有力的领导者，一直很努力	≤22	
		参与小组和课堂讨论时有时会提出有用的观点，是恪尽职守的令人满意的小组成员	≤15	
		参与小组和课堂讨论时很少提出有用的观点，也可能拒绝参与讨论	≤6	
时间管理	20	在整个工作中总能很好地安排工作日程，确保事情按时完成；小组工作不会因个人事情的影响而调整截止日期或不履行工作职责	≤20	
		在整个工作中一般都能很好地安排工作日程，但有可能在个别事项上有所延误，小组工作不会因此而调整截止日期或不履行工作职责	≤15	
		有拖延的倾向，但能在截止日期前完成任务；小组工作不会因个人事情的影响而调整截止日期或不履行工作职责	≤10	
		基本不能在截止日期前完成任务；小组工作不得不因个人时间的管理不当而调整截止日期或不履行工作职责	≤5	
工作质量	30	完成的工作质量最高	≤30	
		完成的工作质量较高	≤22	
		完成的工作有时需要其他组员复查或重做	≤15	
		完成的工作常常需要其他组员复查或重做	≤6	
工作态度	20	从不公开批评本小组项目或其他组成员的工作，总是以积极的态度投入工作	≤20	
		很少公开批评本小组项目或其他组成员的工作，常常以积极的态度投入工作	≤15	
		偶尔公开批评本小组项目或其他组成员的工作，偶尔以消极的态度投入工作	≤10	
		常常公开批评本小组项目或其他组成员的工作，常常以消极的态度投入工作	≤5	

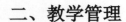

二、教学管理

（一）班组管理

将学生合理地分为若干学习小组，开展小组研讨活动；能有序展示分组名单、小组成员照片及学生的完整数据，以及学习小组的活动记录。

根据班级学生情况，按照 4～6 人一组，把全班学生分成若干小组，每组选一个组长或组员轮流做组长，将小组名单录入"学习通"平台，组长记录每次小组成员参与活动的情况。

表 58　学生分组参考样表

组号	组长	小 组 成 员	学号	小组活动分工	小组活动评分

（二）日常管理

建立课堂教学管理制度，能有序展示学生出勤、学习态度和课堂相关情况的记录。

1. 在"学习通"平台上每堂课考勤，记录请假、迟到、旷课学生。

2. 在"学习通"平台上跟踪并记录学生课前和课后的学习投入情况。课堂上通过"学习通"平台的抢答、选人、讨论等功能记录学生的课堂表现，并给其打分。

3. 在主题讨论模块，各小组组长记录小组的学习情况。

4. 按时收齐和及时批改学生的作业。

（三）成绩管理

能有序地展示学生成绩（包括单项、综合、学期或学年成绩）的记录。根据学习评价方案，通过"学习通"平台记录学生的学习过程，记录学生的每一项成绩。学习成绩记录参考样表见表 59。

表 59 学习成绩记录参考样表

学期:　　　　班级:　　　课程名称:　　　　　　任课教师:

学号	姓名	出勤与课堂表现	作业	小组讨论活动	课堂演示活动	中期检测	期末考核	总评

（四）群组管理

建立"课程教学教研群组（包括教学团队、外校教师、学生代表等）"，能有序展示群组研讨交流记录；在"学习通"平台上建立教学团队，探讨课程教学情况；添加课代表的微信号和 QQ 号，建立班级活动群；在"学习通"平台上，建立班级群聊，将课程学习问题上传到群共享，进行课题讨论。

（五）互动管理

师生空间相互链接，能有序地展示师生交流互动记录。在"学习通"平台上进行师生互动的学习活动，"学习通"平台能有效地记录师生交流的情况。每周确定两个时间段，对学生的问题进行解答。

第五节　问题导向教学法教学效果的实证研究

问题导向教学法在新的课程中进行教学实践研究，方可观其成效。为深入了解问题导向教学法在应用技术型民办高校应用的可行性，探求该模式的改进建议，本研究采用了实验班和对照班进行比较研究的方法。在实施本研究前，首先对传统课堂教学法和问题导向教学法进行了区分，为之后研究问题导向教学法的效果奠定基础。在课堂实验结束后，通过对该模式实施结果的分析，包括过程性评价、终结性评价结果分析，验证问题导向教学法在经济学中应用的有效性。

一、问题导向教学法的课程设计与传统讲授法的课程设计的区别

与传统讲授法不同，问题导向教学法的课程设计以学生的学习效果为中心，注重学生知识目标、能力目标和素质目标的培养。在教学设计中，要采用逆向设计思维，明确课程的目标，学生采用什么方式能达到目标，以及借助考核评价检测学生是否达到目标。在整个课程设计中，强调授课教师的课堂组织作用，课堂的主要角色是学生，教师是组织者。同时更加注重学生的学习过程，对学生的学习过程进行考核，更强调形成性成绩（详见表60）。

表60　问题导向教学法的课程设计与传统讲授法的课程设计的区别

项目	问题导向教学法的课程设计	传统讲授法的课程设计
教学理念	以学生发展和学习效果为中心	以教师、教材和教室为中心
教学目标	知识目标、能力目标和素质目标	传授基本知识
课堂组织	以学生为主、教师为辅	以教师为主、学生为辅
教学方法	以现实宏观经济问题为导向，让学生展开讨论学习	以讲授教材为主
考核方式	注重形成性评价，兼顾终结性评价	以期末考核为主

需要指出，强调问题导向教学法的重要作用，并不是表明传统讲授法在教学中已经不适用了。在教学实践中明确单元教学的基本概念，以及传递课程系统信息等方面，讲授法仍然是一种有效的教学方法。

二、教学实施的基本流程

经济学课程的教学实施流程包括课堂和课外两部分，其核心是课堂部分。每个学生都应参与课堂教学的全过程。在思考问题、讨论问题等环节，让学生在课堂上"动起来"。教师在课外的活动主要是提前发布小组研讨任

务，促进学生更好地完成对基础知识的学习。具体做法包括五个环节：

第一，根据教学目标设计一个单项问题或综合性问题，将教学单元的学习目标和内容融入设计的问题中，将问题发布到"学习通"平台上。

第二，按照自愿原则组建若干学习小组，并选出小组长（或轮流担任），小组在课外集体讨论和解决实际问题，并将解题思路上传至"学习通"平台。

第三，在课堂上，小组展示学习成果，分享解题的过程。

第四，采取学生互评的方式，让学生根据课堂演示评价量表在"学习通"平台上对各小组展示的成果进行评价。

第五，教师进行讲评和总结，并解答学生在学习中容易出现的问题。各小组根据教师的讲评，进一步完善解题方案。

在以上五个环节中，教师借助"探讨问题"来培养学生的"问题意识"，启发学生提出问题和解决问题，作为教学活动的核心环节。这五个环节之间具有紧密的内在联系：前提是创设教学情境，核心是提出现实问题，目标是解决现实问题和经济理论知识的应用。整个教学活动的设计加强了学生之间的互动、学生和教师之间的互动，增强了团队的凝聚力和学生的组织协调能力，也最大程度地促进了学生对经济学理论知识的理解和运用。

在五个环节的具体实施过程中，教师要坚持以学生为中心，让学生以解决问题为根本，用经济学理论解释经济问题，并有意识地引导学生沿着"主动思考→配对→分享"的路径完成课程的学习，其目标是提高学生的整体学习效果。

如果学生实现了学习的目标，就会产生"自我效能感"。美国心理学家阿尔伯特·班杜拉认为，自我效能感是人们是否能够完成工作的自信程度。人们的自我效能感强，就会坚持不懈地努力，直到取得成功。与此同时，学生会领悟到经济学内在的魅力，而不是认为经济学是"沉闷的科学"。这在此后的教学效果实证分析中可以得到证明。

三、课程考核方式和评价方案

西方经济学教学效果的分析，包括课程考核方式和评价方案、终结性评价教学效果检验、形成性评价教学效果分析三个方面。通过这三个方面的分析与评估，认识问题导向教学法在教学过程中的作用。

利用 PBL 教学模式，并且以学生解答问题为中心来考核，是强调与能力本位教学相匹配的考核。就课程考核的评价方案而言，要按照教学目标和教学过程相一致的要求来设计，要保证评价方案的可行性、可控性和可检测性。评价方案包括形成性评价和终结性评价两种形式。其中，考查学生平时学习投入量和素质目标的实现情况的是形成性评价，而考查学生知识目标和能力目标的实现情况的则是终结性评价（详见表 61）。

表 61　微观经济学的考核方案

序号	考核类型	考核项目	权重（%）	评价标准
1	学生参与类	出勤和课堂表现	10	学习参与类评价标准
		课后作业	10	学习参与类评价标准
2	阶段考核类	学生汇报活动	10	课堂演示的评价量表
		小组讨论活动	10	小组工作的评价量表
		中期的课程检测	10	"学习通"平台评分标准
3	终结考核类	期末的课程考试	50	期末试卷的评分标准

（一）微观经济学课堂案例展示

1. 教师发布的现实经济问题

中国农业新闻网消息：山东是全国圆葱的主产区，但在圆葱亩产万斤并大量上市的季节，种植圆葱的农民却没有感受到丰收的喜悦。每亩圆葱的种植总成本大约为 2000 多元，售价每斤至少 0.3 元，虽然不营利但也不亏本。根据上述信息回答问题：需求价格弹性的含义是什么？为什么丰收了，农产品价格会下降？运用供求原理和弹性原理分析农民的总收益下降的原因。其中，分析丰收后农产品价格会下降的过程和结论，目的是让学生具体理解经济学中重要的悖论——"丰收悖论"。

2. 组建学习小组和解答问题

将学生分成若干学习小组，小组成员轮流担任组长。各小组可以在"学习通"平台上组建一个"学习群"，也可以用"微信群"或者"QQ 学习小组群"，由组长来分配各成员的学习任务。其基本学习过程是：学习知识点、查找资料、分析讨论，以及制定解答问题的方案。完成学习任务以后，将学习成果制作成 PPT 或者文本。

3. 学生汇报和互评学习成果

在课堂教学过程中，各小组的代表以 PPT 的形式演示学习成果，其他小组在旁听过程中可以提问。同时，教师记录各小组的汇报情况，并逐一评价各小组的汇报情况和演示评价量表。

4. 教师点评、答疑和总结

教师根据记录的各小组汇报情况进行点评，对各小组出现的常见问题进行解答，并对课程的重点和难点（如需求价格弹性和计算方法、绘制供求关系图、需求价格弹性与总收益的关系等）进行总结。

5. 完善问题的解决方案，教师发布学习检测

教师指导各小组完善研讨成果，找出存在的不足，发布学习检测题，并安排下次学习任务。

（二）教学效果的分析

以微观经济学教学效果的分析为例，包括课程考核方式和评价方案、终结性评价教学效果检验、形成性评价教学效果分析三个方面。通过这三个方面的分析与评估，认识问题导向教学法在教学过程中的作用。

1. 终结性评价教学效果检验

参加微观经济学教学改革的 2019 级和 2020 级两期学生，由学校统一组织期末考核。两轮实验结束以后，对 2019 级和 2020 级的实验班和对照班的期末考试成绩，分别进行描述性统计分析和两个独立样本均值检验分析。

（1）描述性统计分析

对实验班和对照班的期末考试成绩进行统计分析，得出表 62 中的数据。其结果显示，2019 级实验班的期末平均成绩为 71.06 分，比对照班的 65.02 分高出 6.04 分；2020 级实验班的期末平均成绩为 71.38 分，比对照班的 64.68 分高出 6.70 分；两个实验班的标准差也小于对照班。由这些数据可以得出实验班的学习效果比对照班更好的结论。

表 62   2019 级和 2020 级的实验班和对照班统计量表

		2019 级 实验班	2019 级 对照班	2020 级 实验班	2020 级 对照班
N	有效	50	52	48	50
	缺失	2	0	2	2
均值		71.06	65.02	71.38	64.68
中值		72.00	66.50	72.50	65.50
众数		72	71[a]	74	70
标准差		11.511	14.279	9.350	13.534
方差		132.507	203.902	87.431	183.161
偏度		−.719	−.524	−.680	−.559
偏度的标准误差		.337	.330	.343	.337
极小值		40	26	38	29
极大值		92	91	91	90

数据来源：根据班级期末试卷的分数整理。

（2）两个独立样本均值检验分析

对 2019 级的两个样本做正态性检验，表 63 中的 2019 级两个班的 Sig＞0.05，数据符合正态分布。

表 63   2019 级实验班和对照班正态性检验

	Kolmogorov-Smirnov[a]			Shapiro-Wilk		
	统计量	df	Sig.	统计量	df	Sig.
2019 级实验班	.098	50	.200[*]	.957	50	.067
2019 级对照班	.116	50	.092	.974	50	.325

[a]：Lilliefors 显著水平修正。

[*]：这是真实显著水平的下限。

表 64 为两个独立样本均值检验。根据其结果可以判断出 P＜0.05，两组数据存在显著性差异。

表 64 2019 实验班和对照班两个独立样本检验

		方差方程的 Levene 检验		均值方程的 t 检验						
		F	Sig.	t	df	Sig. (双侧)	均值差值	标准误差值	差分的95%置信区间	
									下限	上限
得分	假设方差相等	3.278	.073	2.347	100	.021	6.041	2.574	.934	11.148
	假设方差不相等			2.356	97.079	.020	6.041	2.563	.953	11.128

数据来源：根据班级期末试卷的分数整理。

对 2020 级两个样本做正态性检验，表 65 中 2020 级两个班的 Sig＞0.05，数据符合正态分布。

表 65 2020 级实验班和对照班正态性检验

	Kolmogorov-Smirnov[a]			Shapiro-Wilk		
	统计量	df	Sig.	统计量	df	Sig.
2020 级实验班	.078	48	.200[*]	.959	48	.090
2020 级对照班	.085	48	.200[*]	.964	48	.148

数据来源：根据班级期末试卷的分数整理。

[a]：Lilliefors 显著水平修正。

[*]：这是真实显著水平的下限。

两个独立样本均值检验见表 66。根据统计结果判断出 P＜0.05，两组数据存在显著性差异。

表 66 2020 级实验班和对照班独立样本检验

		方差方程的 Levene 检验		均值方程的 t 检验						
		F	Sig.	t	df	Sig. (双侧)	均值差值	标准误差值	差分的95%置信区间	
									下限	上限
得分	假设方差相等	5.257	.024	2.838	96	.006	6.695	2.359	2.012	11.378
	假设方差不相等			2.859	87.333	.005	6.695	2.342	2.040	11.350

数据来源：根据班级期末试卷的分数整理。

通过 t 检验，对 2019 级和 2020 级实验班和对照班进行差异性检验，得出的基本结论是：实验班和对照班的两轮期末成绩存在显著性差异。这表明，教学改革使学生的学习成绩得到了提高。由于期末试题主要考查学生对基础知识的掌握和知识运用的能力，因此检验结果也能说明学生这些方面的能力得到了不同程度的提高。

2. 形成性评价教学效果分析

为了验证形成性评价的教学效果，教师在学期末设计了 5 道问卷调查题，其统计结果如下：

（1）微观经济学作业的时长。按每周 1 小时以上的比例，实验班和对照班分别为 55.8% 和 37.8%；2 小时以上的比例，实验班和对照班分别为 25.6% 和 6.7%。

（2）你认为"问题导向教学法"是否能让你对课程知识与应用更感兴趣？选择"感兴趣"和"非常感兴趣"的比例，实验班和对照班分别为 72.9% 和 55%。

（3）与传统教学方式相比，对"问题导向教学法"的态度。73% 的实验班学生选择"满意及以上"。

（4）你的学习方式和行为习惯是否有较大改善？选择"有较大改善及以上"的比例，实验班和对照班分别为 71% 和 51%。

（5）微观经济学课程的学习锻炼了你哪些方面的能力？

表 67　微观经济学课程的学习效果不同班级对照

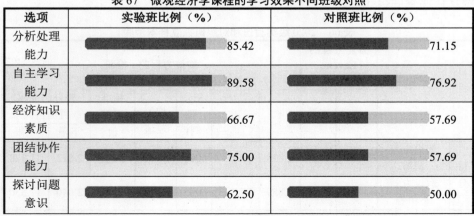

选项	实验班比例（%）	对照班比例（%）
分析处理能力	85.42	71.15
自主学习能力	89.58	76.92
经济知识素质	66.67	57.69
团结协作能力	75.00	57.69
探讨问题意识	62.50	50.00

续表

选项	实验班比例（%）	对照班比例（%）
语言表达能力	62.50	46.15
逻辑思维能力	62.50	55.77
创新思维能力	43.75	26.92

以上统计结果显示，实验班的大部分学生认可这种学习方式。超过 90% 的学生认为问题导向教学法提高了自己对经济学课程的兴趣，使自己对基本的概念性知识也有了更深的了解，同时，培养了自己的沟通协调和自主学习能力，以及团队合作精神。

（三）基于问题导向的宏观经济学课堂教学实例

1. 设计并发布问题

问题：国家统计局 2019 年 2 月 28 日公布了 2018 年我国主要经济数据，初步核算，全年国内生产总值为 900309 亿元，比上年增长 6.6%；国民总收入为 896915 亿元，比上年增长 6.5%。根据上述信息回答问题：（1）何谓国内生产总值？其具体含义是什么？（2）国内生产总值是如何核算出来的？（3）请区分 GDP 的核算方法，并说说以 GDP 衡量人们的生活水平有哪些缺陷。

2. 小组合作分析、解决问题

将学生分成若干学习小组，选定一名学生担任组长或者小组成员轮流担任组长。小组成员分工合作，查找资料、了解知识点、分析讨论、制定解答问题的方案，完成学习成果 PPT 的制作。

3. 展示结果，组间互评

在进行课堂教学时，由小组成员代表以 PPT 或文本的形式进行演示汇报，并要求汇报小组当场回答其他小组和教师的提问。同时，教师记录各小组的汇报情况，各小组根据评价量表对汇报小组进行评价。

4. 教师串讲重点和难点，点评总结

教师根据记录的各小组汇报情况，对课程重点、难点进行讲解，如 GDP

的定义、区分名义 GDP 和实际 GDP、辨别支出法和收入法、了解 GDP 衡量经济发展水平的不足之处等，并对每个小组进行点评，对本堂课进行总结。

5．小组修改、完善问题的解决方案

各小组根据教师的点评，完善小组作业，提交修改好的方案。教师收集方案，记录各小组的更正情况，并安排下次的课堂活动任务。

（四）宏观经济学课程教学改革的评价分析

在两个学期的教学实践中，问题导向教学法使课堂模式发生了变化，使学生的学习活动也发生了变化。同时，实验班和对照班的期末考试成绩存在显著性差异。这说明采用问题导向教学法，学生的平均成绩得到了提高。在做数据分析时，两个班都去掉了最低分。以下从终结性评价和形成性评价两个方面来分析课程改革的成效。

1．终结性评价分析

参加宏观经济学教学改革的 2019 级和 2020 级两期学生，由学校统一组织期末考核。两轮实验结束以后，为了解两期教学实践情况，检验对照组和实验组的学生成绩是否存在差异，对 2019 级和 2020 级实验班和对照班的期末考试成绩分别进行了描述性统计分析和两个独立样本均值检验分析，运用 IBM SPSS Statistics 19 软件，采取了参数方法及非参数方法进行检验。这里首先假设两个班的学生对教师、课程的偏爱程度是一致的，学生成绩仅与教学方法有关。

表68　2019级描述统计量

	N	极小值	极大值	均值	标准误差	偏度		峰度	
	统计量	统计量	统计量	统计量	统计量	统计量	标准误差	统计量	标准误差
2019级对照班	52	36	95	66.56	11.462	−.532	.330	1.141	.650
2019级实验班	33	45.00	97.00	73.5758	12.74027	−.599	.409	.103	.798

表 69　2020 级描述统计量

	N	极小值	极大值	均值		标准误差	偏度		峰度	
	统计量	统计量	统计量	统计量	标准误差	统计量	统计量	标准误差	统计量	标准误差
2020级实验班	49	56	88	72.49	.964	6.749	−.330	.340	.010	.668
2020级对照班	45	21.00	83.00	63.0889	2.13977	14.3540	−1.024	.354	.543	.695

从表 68 和表 69 来看，两组对照班的均值和方差都存在差异。从样本容量来看，适合做 Kolmogorov-Smirnov 及 Shapiro-Wilk 检验。在 5～50 个样本的检验过程中，Shapiro-Wilk 检验是十分精确的，在统计分析中经常被采用。从表 70 和表 71 的正态性检验来看，这两组中的两个班级可以被认为是近似正态分析。

表 70　2019 级正态性检验

班级	Kolmogorov-Smirnov[a]			Shapiro-Wilk		
	统计量	df	Sig.	统计量	df	Sig.
2019 级对照组	.099	52	.200*	.963	52	.106
2019 级实验组	.121	33	.200*	.955	33	.185

[a]：Lilliefors 显著水平修正。

*：这是真实显著水平的下限。

表 71　2020 级正态性检验

班级	Kolmogorov-Smirnov[a]			Shapiro-Wilk		
	统计量	df	Sig.	统计量	df	Sig.
2020 级对照班	.145	45	.019	.913	45	.002
2020 级实验班	.107	49	.200*	.978	49	.479

[a]：Lilliefors 显著水平修正。

*：这是真实显著水平的下限。

此外，通过方差方程的 Levene 检验，发现两组中 2019 级两个班的方差是齐性的（sig=0.404>0.05），对应的 t=0.01<0.05，可以表明两个班的成绩存在显著性差异（见表 72）。表 73 中 sig=0.00<0.05，则方程不相等，对应的 t=0.012<0.05，可以表明两个班的成绩存在显著性差异。

表 72　2019 级独立样本 t 检验结果

	方差方程的 Levene 检验		均值方程的 t 检验						
	F	Sig.	t	df	Sig.（双侧）	均值差值	标准误差值	差分的 95% 置信区间	
								下限	上限
假设方差相等	.704	.404	−2.634	83	.010	−7.018	2.664	−12.317	−1.719
假设方差不相等			−2.572	62.906	.012	−7.018	2.729	−12.471	−1.565

表 73　2020 级独立样本 t 检验结果

	方差方程的 Levene 检验		均值方程的 t 检验						
	F	Sig.	t	df	Sig.（双侧）	均值差值	标准误差值	差分的 95% 置信区间	
								下限	上限
假设方差相等	18.880	.000	4.117	92	.000	9.401	2.283	4.866	13.936
假设方差不相等			4.006	61.361	.000	9.401	2.347	4.708	14.093

通过对表 72、表 73 中的数据进行分析可以看出两轮教学实践中，对照班和实验班的成绩确实存在显著性差异，实验班学生的成绩整体上较好一些。根据终结性评价分析结果可以看出，以问题为导向的教学法取得了一定的成绩。

2. 形成性评价分析

形成性评价是综合考核方式的组成部分，主要是通过课堂出勤率、课堂表现、作业完成情况以及学习成果展示来进行考核。根据随堂记录可以看出，实验班玩手机的学生人数减少，参与课堂讨论活动的人数增加，学生有上台演示学习成果的热情，旷课率显著降低，课前预习的人数明显增加，学生能取得较好的学习效果。与传统教学法相比，问题导向教学法的优点主要体现在以下几个方面：

第一，激发了学生的学习动力。在课程问题设计上，以经济学课程的主要内容为中心，结合实际经济事例进行设计。引导学生观察生活，走入市场进行调研，同时需要学生结合相关资料进行分析。例如，在讲授供给和需求对商品的价格和数量的影响时，学生收集了近三年来的猪肉价格变化情况，并思考是什么因素影响了猪肉的价格；在讲授生产理论时，学生走访了学校周边的数个企业，思考它们的产品是如何生产出来的，列举了影响企业产出的因素等。

第二，加强了学生对经济学知识点的掌握。问题导向教学法要求教师提前将课堂教学的材料发给学生，让学生有足够的时间来做课前准备，避免学生被动和盲目地进入课堂。随堂考查结果显示，90%以上的学生进行了课前预习；在一堂课结束时，70%的学生可以自述授课内容。这可以说明课前预习的效果。

第三，促进了学生之间的团队合作。传统的学习模式是以个体为中心，大多数学生独立学习，鲜见研讨和争论问题。问题导向教学模式中，在进行课题讨论时，需要小组成员共同参与。如此一来，学生之间的团队合作习惯就逐渐养成了。调查显示，60%的学生认为小组或团队学习是一种有效的学习方式。

第四，提高了学生表达和分析问题的能力。在教学环节中，需要学习小组展示小组的学习成果，并讲解分析和解决问题的思路。这个环节锻炼了学生的语言表达能力及其与他人沟通的能力，也活跃了课堂的学习气氛，使学生提出、分析和解决问题的能力得到了很大提升。

第四章　问题导向教学法的认识更新与实践深化

第一节　实施问题导向教学法的条件和困难

　　实施问题导向教学法与实施其他类型的教学法一样，必须具备实施该教学法的主观和客观条件。在主观条件方面，不仅要求教师的专业知识和技能胜任课程的讲授，重要的是，课程设计要有特色，做到新颖独到且具有吸引力；学生虽然是知识和技能的接受者，但对问题导向教学场景有很高的参与热情，这是成功应用问题导向教学法的关键。总之，只有教师和学生的主体意识得到充分发挥，教与学在问题导向教学法的氛围中才能"一拍即合"。在客观条件方面，包括配备相关的教学设备，考试的方式方法要得到学校管理部门的许可等。

　　在实施问题导向教学法的过程中，也会遇到困难。例如，学生不能提出现实问题。在问题导向教学法的教学设计中，教师创设情境来引导学生提出问题，但学生由于知识积累不足，对经济生活的认识不够深入，很难提出隐含经济知识的现实问题，只能依靠教师来完成应该由学生做的事。这种"越俎代庖"的做法，不利于提高学生自主学习和发展创新思维的能力，使学生难以解决问题。在教学实践中，课前发给学生的现实问题，需要学生在"学习通"平台上学习知识点后，搜集资料，拟出解题方案。但由于部分学生对问题不理解，自主学习能力偏弱，有时候很难拟出现实问题的解决方案，最终会影响课堂的教学效果，小组成果检测的客观性不足。小组讨论活动和项目展示的考核评价主要通过教师批阅或学生互评来完成，但由于课堂时间有限，只能大致反映各小组的研讨情况，不能做到精准评价，致使小组讨论活动和项目展示的考核评价存在不够客观的问题。

第二节 优化创新实施问题导向教学法的方案

经济社会的发展永不止步，经济学的发展也日新月异，潜心经济学的教学与研究，对经济学教师来说自然责无旁贷。合理的行动方案是成功的基础，而优化创新实施问题导向教学法的方案，主要包括结构要素、实施流程和实施条件，以及问题的设计、分组的艺术、突出形成性考核的地位等。

第一，结构要素、实施流程和实施条件。设计课前五分钟的时事新闻叙述环节，让学生收集最近发生的时事新闻。通过这个活动，训练学生敏锐的市场洞察力和表达能力，经过长时间的锻炼，使学生逐渐养成关注并思考现实经济问题的习惯，并水到渠成地提出问题。教师要引入优质的视频资源和录制视频，加强形成性评价的考核。学生在解决问题的过程中，可以先学习视频资源，再讨论。在学习的过程中，教师通过"学习通"平台记录学生的学习情况，对其进行评价，通过考核的方式，加强对学生课后学习的管理；利用"学习通"平台的功能，紧密组织课堂教学，展示各环节；通过"学习通"平台提前发布评价工作量表，让学生了解评价的各项目；在课堂上，教师对评价项目进行简单的介绍，学生根据各项权重及时在"学习通"平台上对各小组进行评分，提高评分效率和客观性。将"师生总结"调整为"总结评价与反思"，在这一步骤中，要求教师对整堂课进行总结和提升，并对学生的表现进行评价，之后，学生通过撰写反思日记对整堂课进行反思。

第二，问题的设计、分组的艺术、突出形成性考核的地位。问题的设计重点是根据学生的阶段性反馈及时调整活动过程和问题情境的复杂程度。教师在教学过程中的问题设计，要善于根据学生主体的适应能力和接受程度等，及时调整问题情境的复杂程度。如果创设的问题情境过于复杂，会降低学生探究知识的动力，减弱学生学习的自信心；如果创设的问题情境过于简单，会弱化学生的认知挑战，可能出现跳过学习环节直接回答问题的情况。总之，教师在设计问题时要让学生对问题感兴趣，要尽量贴近学生的生活，学生能够根据问题想象出现实场景，使"问题"成为激励学生学习经济学课程的动力。

分组是实施问题导向教学法时组织学生学习的重要手段，分组的合理性往往对教学效果产生影响。高校每班人数一般在 50 人左右，有的课程会合班上课，因此分组需要教师的指导和班委的组织。每组学生人数过多会影响组内分工和学习效率，也会压缩每个小组汇报展示的时间。应结合具体的教学内容和教学实践班的人数情况，按照自愿组合的原则分组。但自愿组合可能出现有的小组研讨能力整体较强，有的小组整体偏弱的情况。为了提高全体学生的学习效果，教师可以协调小组之间学生的搭配，使各小组的研讨能力相对均衡，每个小组选出一人担任组长。

学生的课程成绩由平时成绩和期末成绩两部分组成。平时成绩体现在出勤率、作业完成情况和课堂表现等方面。平时成绩要将作业的次数、课堂互动（包括参与投票、抢答、选学生、讨论、随堂练习等）积分、课程音视频得分、章节测试、分组任务、讨论等的各项得分，按照一定的比例计入课程的总成绩中。形成性考核注重学生平时学习成绩的考核，平时学习成绩在总成绩中所占的比例会影响学生对平时学习的重视程度，因此，应该突出形成性考核的地位。在学生的总成绩中，形成性考核至少占 50%。同时，考核评价一定要有科学依据。可以制作合理的评价量表，以体现教师给出成绩的公正性，同时，让学生找到自己的问题，督促学生不断调整学习状态，提高学生的学习效果。

参考文献

[1]［美］格兰特·威金斯，杰伊·麦克泰格. 追求理解的教学设计（第2版）［M］. 闫寒冰，译. 上海：华东师范大学出版社，2020.

[2]［美］丹奈尔·D. 史蒂文斯，安东尼娅·J. 利维. 评价量表：快捷有效的教学评价工具（第 2 版）［M］. 陈定刚，译. 广州：华南理工大学出版社，2014.

[3]［美］詹姆斯·R. 戴维斯，布里奇特·D. 阿伦德. 高效能教学的七种方法［M］. 陈定刚，译. 广州：华南理工大学出版社，2014.

[4]［美］安德森. 学习、教学和评估的分类学：布卢姆教育目标分类学修订版［M］. 皮连生，译. 上海：华东师范大学出版社，2008.

[5]［美］伊丽莎白·F. 巴克利. 双螺旋教学策略：激发学习动机和主动性［M］. 古煜奎，译. 广州：华南理工大学出版社，2014.

[6]［美］R. M. 加涅，W. W. 韦杰，K. C. 戈勒斯，等. 教学设计原理（第五版）［M］. 王小明，庞维国，陈保华，等译. 上海：华东师范大学出版社，2007.

[7]杜翔云. 基于问题的学习：理论与实践［M］. 北京：高等教育出版社，2013.

[8]［美］保罗·克鲁格曼. 宏观经济学（第 2 版）［M］. 北京：中国人民大学出版社，2012.

[9]［美］罗伯特·S. 平狄克，丹尼尔·L. 鲁宾费尔德. 微观经济学（第 8 版）［M］. 李彬，译. 北京：中国人民大学出版社， 2016.

[10]［美］杰格迪什·汉达. 货币经济学（第 2 版）［M］. 彭志文，译. 北京：中国人民大学出版社， 2013.

[11][美]费雷德里克·S. 米什金. 货币金融学（第 11 版）[M]. 郑艳文，译. 北京：中国人民大学出版社， 2017.

[12][德]马克思. 资本论[M]. 郭大力，王亚南，译. 上海：上海三联书店， 2020.

[13][美]斯坦利·L. 布鲁，兰迪·R. 格兰特. 经济思想史 [M]. 邸晓燕，译. 北京：北京大学出版社，2015.

[14]吴敬琏. 中国经济改革进程[M]. 北京：中国大百科全书出版社，2020.

[15]徐高. 宏观经济学二十五讲：中国视角[M]. 北京：中国人民大学出版社，2020.

[16]刘秀光，刘辛元，欧阳勤等. 西方经济学原理（第 3 版）[M]. 北京：清华大学出版社， 2017.

[17]高鸿业. 西方经济学（第 8 版）[M]. 北京：中国人民大学出版社， 2021.

[18]李红英. 从一粒种子到一棵小树 [M]. 广州：广东高等教育出版社，2021.

[19]刘斐. 论问题导向教学 [D]. 武汉：华中师范大学，2014.

[20]王桂平. 信息技术支持下的问题导向的教学设计研究 [D]. 上海：上海师范大学，2018.

[21]陈燕. 问题导向式教学的模式构建：职前数学教师培养研究 [D]. 重庆：西南大学，2013.

[22]李泽生，冼利青. 麦克玛斯特大学"问题学习法"[J]. 复旦教育论坛，2003（3）： 85-88.

[23]冯露，亢一澜，王志勇，等. 基于问题学习的探究式教学改革实践 [J]. 高等工程教育研究. 2013（04）：176-180.

[24]陈丽虹等. PBL 教学模式效果评价及思考 [J]. 中国远程教育，2013（01）：70-73.

[25]寇敏. PBL 中的问题设计研究 [D]. 南京：南京师范大学，2015.

[26]李玉拉.高中物理教学中"问题导向式教学策略"运用研究：以人教版物理必修2为例［D］.兰州：西北师范大学，2017.

[27]胡晓红. 向学而教：培养创造性思维的教学策略[J]．外国教育研究， 2016（03）：82-93.

[28]欧阳勤等. PBL教学法在经济学教学中的实践研究［J］．文山学院学报，2017（03）：86-89.

[29]赵炬明. 什么是好的课程设计[J]．高等工程教育研究，2020（09）：84-87.

[30]文建东. 财经专业宏观经济学教材的使用考察与思考[J]．中国大学教学，2018（12）：82-87.

[31]张延，邱牧远. 对宏观调控理论体系的重新表述：宏观经济学流程图[J]．财政研究，2014（12）：25-29.

[32]路继业. 问题导向的研究性教学模式在宏观经济学课程中的应用[J].长春大学学报，2013（03）：923-926.

[33]高筱卉，赵炬明. 积极学习类教学法：原理、方法与建议："以学生为中心"大学教学法系列研究之一[J]．大学教育科学，2022（01）：35-43.

附　录

经济学知识结构归纳

西方经济学 { 微观经济学
宏观经济学

西方经济学学说史 { 重商主义
古典经济学
新古典经济学
当代西方经济学

研究对象和方法 { 研究起点和对象
实证和规范分析
均衡和边际分析
静态和动态分析
演绎法和归纳法
经济模型

图 1　西方经济学导论知识结构

供给
需求
{
个人需求与市场需求
需求与需求量的区别
个人供给与市场供给
供给与供给量的区别
需求法则与供给法则
}

弹性
{

需求价格和供给价格弹性的计算

Ed 与总收益（TR）的关系
{
Ed>1，P 与 TR 成反比
Ed=1，P 与 TR 无关
Ed<1，P 与 TR 成正比
}

弹性分类
{
需求完全无弹性：$|E|=0$
需求缺乏弹性：$|E|<0$
单位弹性：$|E|=1$
需求富有弹性：$|E|>1$
完全弹性：$|E|\to\infty$
}

交叉弹性
{
替代品：$E_{xy}>0$
互补品：$E_{xy}<0$
独立品：$E_{xy}=0$
}

收入弹性
{
正常品 $E_M>0$
劣质品 $E_M<0$
}
{
$E_M>1$ 奢侈品
$0< E_M <1$ 必需品
}

}

图 2　需求、供给和均衡价格知识结构

基数效用分析
（边际效用分析）
$\left\{\begin{array}{l} \text{边际效用递减规律} \\ \text{消费者均衡：} MU_1/P_1 = MU_2/P_2 = \cdots\cdots = MU_n/P_n = \lambda \\ \text{由 MU 导出需求曲线} \\ \text{消费者剩余} \end{array}\right.$

序数效用分析
（无差异曲线分析）
$\left\{\begin{array}{l} \text{无差异分析：含义、特性、斜率（MRS 递减规律）} \\ \\ \text{消费者均衡} \left\{\begin{array}{l} \text{预算线：} P_1X_1 + P_2X_2 = I \\ \text{均衡条件：} MU_1/P_1 = MU_2/P_2 \end{array}\right. \\ \\ \text{价格—消费曲线：推导出消费者的需求曲线} \\ \text{收入—消费曲线：推导出"恩格尔曲线"} \\ \\ \text{替代效应和收入效应} \left\{\begin{array}{l} \text{正常品} \\ \\ \text{低档品} \end{array}\right. \end{array}\right.$

图 3　消费者行为理论知识结构

生产函数与柯布—道格拉斯函数

短期生产函数：TP、AP 和 MP

长期生产函数
- 等产量曲线
- 边际技术替代率及其递减规律
- 等成本曲线
- 要素最佳组合
- 生产扩展线

规模报酬
- 规模报酬递增
- 规模报酬递减
- 规模报酬不变

图 4　生产理论知识结构

成本的概念
- 机会成本
- 显成本与隐成本
- 利润

短期成本理论
- $TC=TFC+TVC$
- $AFC=TFC/Q$
- $AVC=TVC/Q$
- $AC=STC/Q$
- $MC=dSTC/dQ$
- AC 与 MC 的关系
  - AC 递减时，　AC > MC
  - AC 递增时，AC < MC
  - AC 最低时，　AC = MC
- SMC 呈 U 型的原因：边际报酬先↓后↑
- MC 与 MPL 的关系
- AVC 与 APL 的关系

长期成本
- 无固定成本与变动成本之分
- LTC、LAC、LMC 曲线的推导
- LAC 呈 U 形的原因：规模经济与规模不经济

图 5　成本理论知识结构

特点：买卖双方人数众多，产品同质，可自由进出行业，完全信息
完全竞争厂商的需求曲线和收益曲线

短期均衡 { 厂商的均衡条件：MR=SMC，MR=AR=P
          生产者剩余

供给曲线 { 个别厂商：P≥AVC 最低点的 MC 曲线
          行业：厂商的短期供给曲线的水平加总

长期均衡 { 厂商的均衡条件：MR=LMC=SMC= LAC=SAC，MR=AR=P
          行业的长期均衡 { 成本不变行业
                          成本递增行业
                          成本递减行业

图 6　完全竞争市场理论知识结构

完全垄断市场 {
  完全垄断市场的条件
  需求曲线：右下方倾斜
  垄断厂商的收益曲线
  短期均衡：MR= SMC
  供给曲线：不存在具有规律性的供给曲线
  长期均衡：MR= SMC=LMC
  差别定价：一级、二级和三级价格歧视
  自然垄断和政府管制 {
    边际成本定价法：P=MC
    平均成本定价法：P=AC
    双重定价法：类似价格歧视
  }
}

垄断竞争市场 {
  垄断竞争市场需求曲线 {
    右下方倾斜
    d 需求曲线与 D 需求曲线
  }
  短期均衡和长期均衡 {
    短期均衡：MR= SMC
    长期均衡：MR= SMC=LMC
    AR=LAC=SAC
  }
}

图 7　不完全竞争市场理论知识结构

生产要素的使用原则 $\begin{cases} \text{完全竞争厂商：VMP=W，MP·P =W} \\ \text{卖方垄断厂商：MRP=W，MP·MP =W} \\ \text{买方垄断厂商：VMP=MFC} \\ \text{一般表达式：MRP=MFC} \end{cases}$

要素的供给与工资率
地租、利息的决定 $\begin{cases} \text{要素的供给原则} \\ \text{劳动供给曲线与工资率的决定} \\ \text{土地的供给曲线和地租的决定} \\ \text{资本的供给曲线和利息的决定} \end{cases}$

洛伦兹曲线和基尼系数：G=A/A+B

图8　要素市场与收入分配理论知识结构

垄断—垄断低效率—寻租—经济管制

外部性—影响与分类—配置低效率—矫正政策

公共品和公共资源—成本与收益—解决措施

信息不完全 $\begin{cases} \text{逆向选择} \\ \text{道德风险} \end{cases}$

图9　市场失灵与微观经济政策知识结构

国内生产总值 GDP
{
GDP 的定义
GDP 的衡量
GDP 的相关指标
名义 GDP 和实际 GDP
}

国民收入核算方法
{
支出法核算
收入法核算
}

价格水平
{
GDP 紧缩指数
CPI
PPI
}

失业
{
失业的定义与计算
失业的类型
充分就业和自然失业率
}

图 10　宏观经济的基本指标及其衡量

凯恩斯的消费理论
{
消费和储蓄函数
两者之间的关系
}

消费函数理论
{
相对收入理论
生命周期假说
持久收入理论
}

两部门经济中国民收入的决定
{
消费函数决定收入
储蓄函数决定收入
}

三部门经济中国民收入的决定与乘数
{
投资和政府支出乘数
税收乘数
政府转移支付乘数
平衡预算乘数
}

四部门经济中国民收入的决定与乘数
{
四部门经济的收入决定
四部门经济中的乘数
}

图 11　NI-AE 模型知识结构

投资函数和投资曲线

IS 曲线 { IS 曲线及其推导
IS 曲线的斜率与移动

利率的决定 { 货币需求和供给决定利率
流动性偏好与货币需求动机
流动性偏好陷阱
货币需求函数
其他货币需求理论
货币供求均衡和利率决定

LM 曲线 { LM 曲线及其推导
LM 曲线的斜率及移动

IS-LM 分析 { 两市场同时均衡的利率和收入
均衡收入和利率的变动

图 12　IS-LM 模型知识结构

AD 曲线 { AD 曲线的特征
AD 曲线的移动

AS 曲线 { AS 曲线的特征和分类
AS 曲线的移动

AD-AS 模型 { 同时均衡价格水平和收入
均衡收入和价格水平变动

需求冲击和供给冲击对经济的影响

图 13　AD-AS 模型知识结构

失业 $\left\{\begin{array}{l}\text{计算失业率} \\ \text{失业的分类} \\ \text{自然失业率}\end{array}\right.$

失业的影响与 "奥肯定律" $\left\{\begin{array}{l}\text{失业的影响} \\ \text{"奥肯定律"}\end{array}\right.$

通货膨胀 $\left\{\begin{array}{l}\text{通货膨胀的数据} \\ \text{通货膨胀的衡量} \\ \text{通货膨胀的分类}\end{array}\right.$

通货膨胀的原因 $\left\{\begin{array}{l}\text{通货膨胀是货币现象} \\ \text{需求拉动的通货膨胀} \\ \text{结构性通货膨胀} \\ \text{通货膨胀的持续}\end{array}\right.$

通货膨胀的经济效应 $\left\{\begin{array}{l}\text{通货膨胀的再分配效应} \\ \text{通货膨胀的产出效应}\end{array}\right.$

菲利普斯曲线

图 14　失业与通货膨胀知识结构

宏观经济
政策目标
- 稳定物价
- 充分就业
- 经济增长
- 国际收支平衡
- 金融稳定

财政政策
- 财政的构成与政策工具
- 自动稳定器与斟酌使用
- 功能财政和预算盈余
- 预算赤字与政府债务

货币政策
- 商业银行与中央银行
- 存款创造和货币供给
- 货币政策工具
- 货币政策的传导机制

供给管理政策
- 人力政策
- 收入政策
- 指数化政策

图 15　宏观经济政策知识结构

经济增长概述
- 经济增长
- 经济发展

经济增长的决定因素
- 直接原因
- 根本原因

增长理论
- 新古典增长模型
- 内生增长理论

促进经济增长的政策

图 16　经济增长理论知识结构

推荐阅读书目

1. 教材

《西方经济学》编写组.西方经济学（第二版）上册、下册[M].北京：高等教育出版社， 2019.

2. 学习指导书

[1]翔高教育经济学教学研究中心.平狄克版《微观经济学》（第七版）学习手册[M].北京：中国人民大学出版社， 2011.

[2][美]保罗·萨缪尔森，威廉·诺德豪斯.萨缪尔森经济学（第 19 版）[M].萧琛译.北京：商务印书馆，2018.

[3]王海滨.高鸿业版《西方经济学》（第七版）学习手册[M].北京：中国人民大学出版社， 2020.

3. 指定阅读书目

[1][美]保罗·萨缪尔森，威廉·诺德豪斯.微观经济学(第 19 版)[M].萧琛，译.北京：人民邮电出版社， 2019.

[2][美]保罗·萨缪尔森，威廉·诺德豪斯.宏观经济学(第 19 版)[M].萧琛，译.北京：人民邮电出版社，2019.

[3][美]迈克尔·帕金.宏观经济学原理（第 5 版）[M].王秋石译.北京：中国人民大学出版社， 2013.

[4][美]迈克尔·帕金.微观经济学原理（第 5 版）[M].王秋石译.北京：中国人民大学出版社， 2013.

[5][美]萨拉·科斯格雷夫.曼昆《经济学原理：宏观经济学分册》习题解答(第 7 版)[M].陈宇峰等，译.北京：北京大学出版社， 2017.

[6][美]N·格里高利·曼昆.宏观经济学（第 6 版）[M].张帆，译.

北京：中国人民大学出版社，2011.

[7]［英］约翰·梅纳德·凯恩斯. 就业、利息和货币通论［M］. 高鸿业，译. 北京：商务印书馆， 2014.

[8]［英］马歇尔. 经济学原理［M］. 朱志泰，译. 北京：商务印书馆，2019.

后　记

在书稿写作搁笔之时，我真正体会到了"学然后知不足，教然后知困"。虽然已有十多年的教学工作经历，但当将教学中所使用的教学方法集成为一本著作的时候，我仍发现自己的学识和教学有许多需要充实和改进的地方。因此，迫切期待自己"知不足然后能自反"，"知困然后能自强"。

感谢李红英副校长带领我进行"以学生为中心"的教学改革实践，并在教学实践的过程中给予了我诸多指导、帮助和支持。

感谢刘秀光教授在教学和科研方面给予我的指导，他的指导使我常有豁然开朗之感。刘教授不仅对我写作本书给予鼓励，而且提出了许多宝贵的写作建议，在此对前辈多年来的帮助和提携一并表示感谢。

感谢学校的教师发展中心和学院的领导、同事对我的教学研究工作提供的帮助，感谢我的家人对我教学工作的支持和关心。

感谢延边大学出版社欣然接受了我的出版申请，以及编辑们为此书的出版付出的辛勤劳动。

本书在写作过程中参考了大量的文献，在此对文献的作者深表谢意。书中的不当之处，敬请经济学教学的同行和读者批评指正。

欧阳勤

2022 年 4 月于广州